De la Muerte a la Vida

Peter Stanway

De la Muerte a la Vida

Título original: Wee Boys from Glasgow Don't Cry

Traducción: David Bautista Watts

En edición de: Julie Dale y Guillermo Gaminde García

Diseño de la portada: Peter Stanway

ISBN-10: 0-9892213-5-0

ISBN-13: 978-0-9892213-5-1

Número del Control de la Biblioteca del Congreso: 2013940910

Impreso en Los Estados Unidos

RevMedia Publishing

PO BOX 5172

Kingwood, TX 77325

Una división de Revelation Ministries

www.revmediapublishing.com

Dedicado A:

Todas las personas que me han ayudado cuando no pude ayudarme a mí mismo, especialmente mi increíble mujer, Nancy. Gracias.

Abreviaturas

WOTS (The Way of the Spirit)

EL Camino del Espíritu (ECDE)

TFL (Training for Life)

FPV (Formación Para la Vida)

TheWayCM (The Way Christian Ministries)

El Camino de los Ministerios Cristianos (ECMC)

Prefacio

Cualquiera persona que conozca a Peter Stanway descubrirá que esto es un libro fascinante. Él realmente es un trofeo de la gracia de Dios; rescatado de una vida que, en varias ocasiones, podría haber acabado prematuramente en desastre, y salvado para un ministerio que impactaría a las vidas de muchos con la realidad del amor de Dios.

Peter evita los detalles innecesarios y mantiene una narrativa a velocidad vertiginosa– como en sus primeros años, pero de una muy manera diferente. Así que no perdemos el interés mientras nos lleva de un escenario sorprendente a otro.

Al leer este libro he conocido la gran verdad: cuando Dios decide tocar la vida de una persona, Él va a asegurar que cumplirá su propósito. Es increíble lo que Él puede permitir que pase en la vida de alguien antes de sacarle del fango y colocarle en Cristo Jesús. Una vida llena de tinieblas se convierte en una luz brillante que puede llevar la verdad a los demás.

Confió en que muchos que no tienen esperanza, que aquellos cuya vida es un desastre completo, ya sea por sus propios fracasos o por haber sido víctimas de las circunstancias, lean este libro. Aquí encontrarán, sin duda, esperanza y ánimo, porque no hay problema demasiado grande que Jesucristo no pueda resolver. El dio su vida por los desesperados, por los de baja autoestima. Solo Él puede darles vida nueva.

Los que han conocido al Señor personalmente durante muchos años encontrarán en la lectura de este libro una fuente de ánimo, demostrando que siempre hay algo más que recibir de nuestro Señor; más que nos quiere comunicar, y más que quiere hacer con nosotros para Su gloria.

Todo aquel que lea este libro, de cierto, se unirá a Peter diciendo: "¡Gracias, Señor, por tu amor, tu misericordia, y tu gracia!"

Colin Urquhart

Apóstol y Fundador de Kingdom Faith Ministries: www.kingdomfaith.com

Índice

Los Chicos de Glasgow No Lloran 1

Creciendo – Primaria 5

Creciendo – Secundaria 11

Autostop en las Autopistas 17

Escuela de Arte 23

"El Mejor Fotógrafo de Pop y Rock de Escocia" 31

Huyendo 35

Locura Norte-Africana 47

Confrontación 51

Escondiéndome 57

De Mal en Peor 61

"Quiero que conozcas a alguien" 69

"Mantén la Puerta abierta" 75

La Caída 89

Rehabilitación 93

La Granja 99

Engaño 107

En Casa 113

Campamento de la Fe 119

Instituto Bíblico 123

Unción.. 129

Evangelismo.. 135

ECDE en Escocia 141

Perdido en una Montaña 149

Visión de Ángeles 155

Israel... 159

Los Argentinos 167

Una Muestra del Avivamiento.. 171

América del Sur.. 175

Rincones y Grietas... 185

Mi Padre 195

Drumchapel 201

Abriendo Camino... 207

Casa Kilcreggan... 213

Hepatitis C 221

Trasplante de Hígado 233

"Cierra el Edificio"... 241

Otro Tipo de Pobreza 247

"Yo Te Bendeciré" 255

Inquebrantables... 261

Personas y Lugares 267

La Reincidencia Puede Costarle las Orejas.................. 273

"Déjale Marchar" 283

De Vuelta a Casa Kilcreggan............................... 291

Tierra Santa 297

Nepal... 301

Kenia 307

Ruanda... 317

Ampliación de la Tienda.................................... 321

Las Filipinas 331

Icono... 337

"¿Que Te He Llamado a Hacer?"........................ 341

Pioneros y Colonos 347

Finales y Comienzos... 349

En Conclusión... 353

Comentarios.. 357

Datos Para Contacto 361

Direcciones a Glenelg 363

Los Chicos de Glasgow No Lloran

El sonido enfermizo y familiar de la explosión de rabia interrumpió mi sueño. Aunque no pude ver lo que estaba pasando, mi mente añadía imágenes gráficas a los sonidos que oía. Mientras mi madre yacía en el suelo, indefensa, fuera de mi cuarto, su cuerpo fue golpeado brutalmente con patadas y puñetazos. El quebrantamiento estoico de sus sollozos fue patéticamente insólito comparado con los rugidos borrachos y demoniacos de las amenazas de mi padre. En un frenesí de celos gritó acusaciones lo suficientemente altas como para ser oídas sobre el efusivo sonido del agua llenando la bañera en la cual la iba a ahogar... Frustrado, enfadado y dolido, contuve mis lágrimas porque los chicos de Glasgow no lloran. Con toda la fuerza que un niño de cinco años puede reunir, golpeé mi almohada, deseando que fuera mi padre. Finalmente, agotado, caí en un sueño inquieto.

Por la mañana, observé muy nervioso la escena de la noche anterior. La peluca negra mojada de mi madre yacía inerte en el suelo como si fuera un gato ahogado. Durante los próximos días mi madre se quedó en la cama, incapaz de caminar bien y demasiado avergonzada de mostrar sus cortes y moratones a los vecinos. Como si no lo supiesen. Finalmente con gafas de sol puestas, la vida comenzó a ser algo parecido a lo normal, por un tiempo.

Nací el 24 de Junio de 1956, pesaba aproximadamente 4.5 kilos. Yo nací por cesárea; el primer hijo de Bárbara y Alex Stanway, en el Hospital Rottenrow, Glasgow. Mi madre tenía dieciocho años y mi padre tenía veintiuno. Después de vivir unos meses en London Road, Bridgeton en el Este de Glasgow, nos mudamos a un piso de la planta superior, en un edificio residencial en Hamilton Road, Rutherglen, Glasgow.

Uno de mis primeros recuerdos es la sensación de estar hipnotizado, a la vez que seguro en los hombros de mi tío Danny. Vimos tres coches de bomberos e innumerables bomberos intentando mantener el fuego bajo control mientras que el piso de la última planta, ardió en llamas. Casi morí en el incendio a la tierna edad de cuatro años. El sonido del terror en medio de la noche me despertó; el humo era demasiado espeso para poder ver a través de él. Me dirigí al armario del dormitorio, pensando que estaría seguro allí. La puerta se cerró tras de mí, salvándome de ser sofocado por el humo o quemado por el fuego que se dirigía al armario.

En un ataque de pánico, todo el mundo salió del edificio. Cuando mi padre se dio cuenta de que yo faltaba, subió por las escaleras del edificio hasta mi cuarto, pero no podía verme. Por la gracia de Dios me oyó en el armario, arrancó la puerta y me rescató. Salimos en la primera página del periódico, llamado Evening Citizen. Yo estaba ileso, pero mi padre sufrió quemaduras y lucía unas cuantas vendas de héroe.

El artículo del periódico Evening Citizen del 13 de Mayo, 1961 decía, titular: Rescate dramático, sub-titulo: Padre rescata a hijo – después se desmaya. Luego continuaba: Un padre joven, con su hijo en sus brazos, fue encontrado inconsciente en la escalera llena de humo en una vivienda en Rutherglen esta mañana mientras las llamas se extendieron por su piso de tres dormitorios. Alex Stanway, de veinticinco años de edad, arrebató a su hijo de cuatro años de su dormitorio y atravesó un muro de fuego. Estaba mal herido con quemaduras graves en la cabeza y los brazos y se desplomó al llegar a la escalera – todavía agarrando al joven Peter. El fuego comenzó en la cocina. La familia había luchado a través de las llamas y el humo hasta llegar a las escaleras cuando el señor Stanway se dio cuenta de que Peter faltaba. Ignoró las suplicas de los vecinos de esperar a los bomberos y corrió de vuelta a su casa en llamas a pesar del calor intenso.

Salió de la casa tambaleándose con Peter y se derrumbó. El señor Stanway dijo: "Solo recuerdo volviendo a la casa pero lo demás está en blanco. Ni siquiera recuerdo haber sacado a Peter de su cuarto."

Su bella esposa Bárbara dijo: "No sé cómo Alex lo hizo. No podíamos ni respirar en la escalera. Yo estoy agradecida de verlos a los dos seguros."

Un vecino dijo: "Alex todavía estaba agarrando a su pequeño hijo a pesar de sus heridas. Las llamas estaban por todas partes – el calor era tan intenso que derritió la foto de la boda de mi hija de la pared."

Mis abuelos también vivían en Rutherglen. Desde que el fuego destruyó nuestro apartamento en Hamilton Road, nos instalamos con ellos. Ellos me amaban. Casi todos los sábados por la tarde mi abuelo me cogía de la mano mientras caminábamos hacia el Café Carolla para tomarme un helado. Después, escuchábamos la banda del Ejército de Salvación que estaban reunidos en un círculo en la calle principal de Rutherglen con instrumentos de viento y panderetas, cantaban y, sin duda alguna, compartían mensajes acerca de Jesús.

Un año después del incendio fuimos realojados en un dúplex nuevo en Fernhill, cerca de Rutherglen. Ya que Fernhill todavía estaba en construcción, para un niño pequeño, era como mudarse a un parque infantil enorme. Tenía ventanas a través de las cuales podía saltar para caer encima de montañas de arena, y podía crear cabañas hechas de postes para cercas. No sólo eso sino que estábamos en el borde del campo con Cathkin Braes detrás y los bosques Rocky y Bluebell al lado.

Los Rockies tenía una vertiente rocosa con enormes raíces esparcidas a través de ella, detrás del cual, creía yo, había una cueva secreta llena de incontables tesoros. Casi todos los días de verano intentaba picar la pared de la cueva con herramientas de mi propia creación, totalmente convencido de que algún día atravesaría esa gruesa pared para encontrar un tesoro brillante almacenado allí.

Los Bluebells eran una alfombra de campanillas azules durante la primavera y en el invierno un magnífico lago helado. Recuerdo haber acampado allí, sintiéndome petrificado, durante una tarde de verano. Los niños mayores nos contaron historias de miedo mientras que uno de ellos salió a escondidas sin que le viéramos. Cogió una rama del suelo y empezó a arañar la tienda de campaña desde afuera. Bueno, yo me escapé como un galgo de una trampa y volví a casa. Mi prisa se vio afectada cuando pisé un pedazo de madera en el cual había un clavo salido, que los trabajadores habían dejado olvidado. "¡Un pie en mi clavo! ¡Un pie en mi clavo!", grité, traumatizado y confuso, mientras que me estrellé contra la puerta del santuario de mi casa.

En otra ocasión me caí en los cimientos de lo que luego se convertiría en 'las tiendas'. Desafortunadamente, me caí en una botella descartada de leche que se rompió con el impacto. ¡Sangre brotaba por todas partes! Había sufrido una herida horrible en mi pierna y un hombre que pasaba por ahí me ayudó a llegar a casa. Decidió que necesitaba puntos en la herida. Ya que no teníamos coche, el vecino 'Viejo Pat' fue elegido para llevarme al hospital en su vehículo de lechero, a una velocidad de quince a veinte km la hora. Finalmente llegamos antes de desangrarme y me cosieron la pierna.

Para entonces, a mediados de 1960, tenía un hermano y una hermana. 'Pequeño Alex', que nació entre mi hermana y yo, murió de 'Síndrome de Muerte Infantil Súbita' (SMIS) cuando era un bebe por lo que habían 6 años entre mi hermana y yo y siete años entre Stephen y yo. Mi escuela de primaria Cathkin Primary School, donde comenzó mi educación, estaba a media hora andando de mi casa.

Recuerdo uno de mis profesores, Sra. Litton, que era muy excéntrica. Ella decía que estaba bien que comiéramos caramelos en clase, siempre y cuando trajéramos suficientes para toda la clase. Todos los viernes ella traía una bolsa enorme llena de caramelos y nos los daba a toda la clase. Sin embargo, si cualquiera de nosotros se portaba mal en cualquier momento, arrastraba al delincuente al frente de la clase y hacía un ejemplo de él. Ella le gritaba a él o a ella mientras empujaba y movía los niños por el brazo. Incluso me acuerdo a ella, en ocasiones, subiéndose en su escritorio para enfatizar un punto que estaba diciendo. A pesar de que daba miedo todavía puedo recordar muchas de las lecciones que nos enseño.

No había servicio de autobús regular hasta Fernhill así que la mayoría de gente que vivía allí tenía que subir la inmensa colina desde Rutherglen. A menudo, las madres jóvenes con familias jóvenes se podían ver empujando un cochecito cargado con los bebes y sus compras semanales. Parte de este viaje significaba pasar 'el agujero en la pared', (que era precisamente eso un agujero en la pared que separaba Castlemilk de Fernhill), que llevaba a Castlemilk (un conjunto de viviendas grandes). De vez en cuando, personajes como Willie el Botas o Sannie Sandalias salían detrás del agujero con una gran gabardina para que se viera que todo lo que llevaban puesto era el calzado que les daban esos motes.

La noche del viernes, día de pago para los trabajadores, por lo general significaba que el último autobús (el número 21), si estaba funcionando, estaba sobrecargado de pasajeros que habían disfrutado de la hospitalidad de los bares de Rutherglen que, a su vez, disfrutaron quitándoles sus merecidos salarios. Mientras el autobús luchaba por subir la gran colina, recuerdo haber visto humo saliendo del motor y a alguien gritando "¡Se nota que es viernes, incluso el autobús está ahumado!"

Yo era más grande que la mayoría de los chicos de mi edad, y así que tenían que ganarme en una pelea para ganarse buena fama. No era buen luchador – yo odiaba pelear, pero los que querían ser más 'chulitos' que nadie, me buscaban a mí para pelear y después de un tiempo, aprendí a defenderme yo solo. Desafortunadamente, las peleas continuaban fuera del horario escolar y recuerdo a mi padre asomándose por la ventana del salón tirando monedas hacia el suelo de cemento cerca de nosotros y apostaba por mi mientras luchaba contra gente que eran dos veces más grande que yo. Aunque luchaba tan duro como podía para salvarme y satisfacer a mi padre, inevitablemente perdía, lo que significaba que mi padre también perdía su dinero y eso le llevó a rematar lo que los 'chulitos' abusones comenzaron cuando subía las escaleras a casa. Se trataba de una situación en la que siempre salía perdiendo, hiciese lo que hiciese.

Una vez intenté parecer duro ante una chica que era un poco masculina. Nos tiramos por nuestra calle inclinada los dos equilibrados encima de unos libros grandes que, a su vez, estaban equilibrados sobre un patín de metal (el antecesor del monopatín). La tiré de su sitio al bajar y ella esperó a que yo volviera a donde la dejé 'plantada'. Ella me dio en la cabeza con el patín, dejándome una cicatriz justo encima de mi ojo izquierdo, que todavía sigue ahí hasta el día de hoy como recordatorio para no subestimar al sexo opuesto.

También me acuerdo de buenos momentos creciendo en Fernhill – como las largas vacaciones de verano, cuando un pequeño grupo de nosotros caminábamos más allá de Cathkin Braes hacia el embalse para ir a nadar. Durante el invierno, era temporada de trineos, bajábamos deslizándonos por la colina que conducía a Los Varneys (las casas de lujo en la parte inferior de la colina). Conducíamos los trineos con nuestros pies mientras estábamos tumbados boca abajo en el trineo hasta que nuestras botas estaban tan llenas de nieve que nuestros pies estaban entumecidos. Recuerdo el dolor de la descongelación de mis pies delante del fuego eléctrico de nuestra casa y luego el inmenso alivio cuando pude sentir mis dedos otra vez.

Creciendo – Secundaria

A los doce años, iba a la academia de Rutherglen que estaba a una hora desde mi casa en Fernhill pero solamente estaba a diez minutos desde la casa de mis abuelos. Estando tan cerca, significaba que me quedaba allí a menudo.

Después de dos años, la escuela cambió a un nuevo regimiento y nombre, Cathkin High, y por un tiempo empecé a quedarme en casa más a menudo. Sin embargo, las cosas estaban difíciles en casa. Mamá y Papá discutían más y más y cada vez más violentos. Mi madre requería pastillas y hospitalización regularmente.

Yo me alisté a la Brigada de Jóvenes, que significaba que estaba fuera la mayoría de las noches. Jugaba al rugby para el colegio y empecé a hacer footing por las tardes. Mi padre creía que yo era un 'afeminado' al jugar al rugby en vez del futbol, por lo que decidió 'hacerme un hombre' animándome a participar en peleas. Cada vez que perdía, yo lloraba amargamente, tanto por haber perdido la pelea como por haber quedado mal ante mi padre. Quería 'ser un hombre' pero esas derrotas me hacían parecer un 'afeminado' ante sus ojos. Empecé a odiarle. Para alejarme de allí, empecé a correr 160 km a la semana, además de cualquier otro tipo de entrenamiento que me daba el colegio o la Brigada de Jóvenes. Comencé a correr maratones a través del campo. Estaba en forma pero a solas.

Durante esos años conocí a mi primer amor, fue la primera vez que sentí esa sensación incómoda en el pecho. Aunque el romance no duró mucho tiempo, nunca olvidaré esa sensación. Ni siquiera me acuerdo de los besos, sólo de los sentimientos incómodos pero agradables por todo el cuerpo que se tiene al estar enamorado. Trisha era una chica encantadora pero era católica. Mi padre odiaba a los católicos así que nunca hubo ninguna esperanza de futuro en esa relación.

Alrededor de los catorce años conocí a un amigo en la escuela que era hijo de un ministro en la iglesia donde la Brigada de Jóvenes se reunía. George no estaba interesado en la Brigada de Jóvenes; prefería las drogas. Empezamos a hacer autostop los fines de semana, y aunque las drogas y el alcohol estaban a mi alrededor, no me interesaban. Dormíamos a la intemperie en campos y paradas de autobús ¡Y me encantó!

Había descubierto la libertad y la aventura. Pronto estaba haciendo autostop más y más lejos, con o sin George. Recuerdo una noche me quedé solo y perdido en la carretera A66 entre Scotch Corner y Penrith. Vi una luz en el horizonte y me dirigí hacia ella lo que resultó ser una granja aislada. Le pregunté al granjero si podía refugiarme en su granero durante la noche y me echó de su granja.

Abatido pero emocionado me dirigí de nuevo a la oscura y tranquila carretera. Encontré un tramo largo y recto donde los conductores de los coches me podían ver a lo lejos para parar a recogerme. Finalmente un coche me recogió. Había cuatro hippies en el interior y todos se estaban riendo mientras pasaban un buen rato. Me ofrecieron marihuana para fumar y me sentí extraño pero feliz. Al parecer, ¡Una de las chicas había asistido a un colegio de monjas en Fernhill! Volvía allí de visita así que me dejaron justo al lado de mi casa. Al día siguiente traté de darle sentido a todo lo ocurrido y, en general, me sentí bien por ello, especialmente por los efectos de la marihuana...

Cuando yo tenía unos quince años empecé a buscar nuevas vías de escape. Empecé a descubrir formas en las que expresar mis emociones. El existencialismo, la meditación transcendental, la filosofía y, al mismo tiempo, las drogas y el alcohol se convirtieron en parte de mi vida. En búsqueda de mi realización personal, la fantasía se convirtió en mi forma de vivir.

Por aquel entonces, el profesor de geografía cristiano de la escuela se había interesado en un grupo de los nuestros. Con el consentimiento de nuestros padres, su mujer y él nos invitaron a su casa para cenar curry. Me impresionó el tiempo que tardaron en prepararlo y habían hecho todo lo posible para hacer esta experiencia lo más agradable posible. Su amistad hizo que el resto de la tarde fuera relajado y en ese ambiente nos presentaron el Evangelio de Cristo. Me fui a casa, empecé a pensar y llegué a la conclusión de que quería ser cristiano. En mi cuarto, en la casa de mis abuelos, caí de rodillas y le pedí a Jesús que entrara en mi corazón.

Sinceramente quería ser cristiano. ¡Lo dije en serio!

Empecé a ir a las reuniones cristianas y fui a la Unión Cristiana en nuestra escuela y otras. Lo hice durante unos meses, pero desgraciadamente, yo no sabía nada sobre el Espíritu Santo. El Espíritu Santo da la fuerza y el poder a los cristianos para seguir a Jesús. Yo tenía una fe incompleta, el Hijo y el Padre, pero me faltaba el Espíritu Santo, la fuente de fuerza y poder para seguir a Jesús. Por lo tanto, usando sólo mi fuerza, era muy difícil seguir siendo cristiano. En ese momento, si yo le hubiese dicho a mi padre que había sido bautizado con el Espíritu Santo, habría pensado que me había vuelto católico y que eso hubiera dado lugar a la paliza de mi vida.

Unos meses más tarde comencé a caer más en el pecado mediante la fantasía por culpa de libros, música, drogas, alcohol y sexo…

Autostop en las Autopistas

Cuando cumplí dieciséis años, empecé a hacer autostop por toda Europa. Recuerdo que en la mañana del día que cumplí los dieciséis años (era la edad legal para solicitar un pasaporte sin el consentimiento de los padres), estaba en el puerto de Dover esperando a que abriera la oficina principal de correos. Yo había traído todos los documentos necesarios, me dieron un pasaporte británico para un año (hoy en día no están disponibles). A última hora de ese mismo día estaba haciendo autostop hacia a Paris.

A pesar de que había hecho autostop por Gran Bretaña durante unos años, todavía era bastante joven e ingenuo. Los que me llevaron hasta Paris resultaron ser unos anarquistas italianos que iban de camino para hacer estallar algo allí. Me dejaron antes de su destino y me encontré solo vagando por esa ciudad grande y desconocida mientras la noche avanzaba.

Me senté en los escalones de la Basílica del Sacré-Coeur con unos hippies, les escuché mientras cantaban y tocaban la guitarra. Después de un rato, me fui a pasear por Montmartre y observé los artistas. Cuando volví a las escaleras, todos se habían marchado. Tenía un saco de dormir barato (me costó 50 peniques en una venta de liquidación), pero las escaleras estaban demasiado empinadas para dormir en los terraplenes cerca del rio. Anduve hacia la parte inferior de los escalones y me dirigí a lo largo de un camino poco iluminado cubierto de árboles colgantes, siguiendo el curso del río Sena.

Más adelante vi a un pequeño grupo de siniestras personas reunidas bajo la tenue luz de un farol de la oscura calle. Al pasar a su lado, me di cuenta de que eran negros. Uno de ellos se acercó a mí para rodearme con su brazo. "Lo siento amigo", dijo en francés con un acento fuerte pero, "estamos en tiempos difíciles." Debido a mi pobre francés y su acento, tardé siglos en darme cuenta de lo que me había dicho. Comprendí en cuanto levantó su otro brazo con un enorme machete en su mano.

Me largué pitando de vuelta hacia las escaleras, subiéndolas rápidamente mientras me perseguía. Sentí un golpe fuerte en la parte posterior de mi cabeza, pero seguí corriendo. Después de un tiempo que me pareció una eternidad, me encontré solo en un barrio tranquilo donde los apartamentos tenían dos puertas, una para entrar en el edificio y luego otra puerta interior que conducía a las casas. Me acomodé entre las dos puertas.

Una vez había recuperado y mi corazón volvió a latir a su ritmo normal, me quité la mochila, que fue diseñada con un respaldo alto. Al examinarlo, descubrí un agujero a través de la mochila y los contenidos en su interior, justo donde mi cabeza hubiera estado. Ese respaldo evitó que el machete me diera en la cabeza y me salvó la vida.

Lejos de hundirme por esta experiencia, tuve muchas aventuras por toda Europa en los años siguientes. Una vez, una pareja de holandeses con buenas intenciones que estaban de vacaciones, se desviaron cientos de kilómetros de su camino para llevarme al Paso Susten, en lo alto de los Alpes suizos. Ellos hicieron esto con el fin de que pillara otro coche para bajar al otro lado de las montañas hasta Italia. Sin embargo, con el transcurso del día, el tráfico empezó a escasear más y más hasta que no pasó ningún coche. Me quedé atrapado en lo alto de la montaña a casi dos mil metros de altura con nieve por todas partes. ¡El saco de dormir de 50 peniques era más fino que el filo de un cuchillo! No tenía ropa de invierno. Tenía visiones en las que moría congelado (¡se puede morir de frío en Escocia a una altura de trescientos metros o incluso menos!). Buscando desesperadamente un refugio, intenté abrir la puerta de un pequeño café, ahora cerrado al público. No estaba cerrada todavía y una chica me dio un whiskey y una manta. No hace falta decir que, sobreviví a pesar de las penalidades.

Al siguiente día empecé a andar hacia Italia. Inusualmente, un motorista con una moto enorme se detuvo, y sacó su moto fuera de la carretera y me ofreció fumar un poco de hachís mezclado con opio. Me dejó un trozo y siguió su camino. Anocheció y empezó a llover. Encontré una pequeña cueva donde podía refugiarme. A medida que el tiempo empeoraba, vi el desfile cósmico más asombroso (del poder de Dios) que había visto nunca. Quizás el consumo de drogas contribuyó a ello pero me quedé sorprendido viendo cómo relámpagos bifurcados explotaban alrededor de las montañas que me rodeaban, iluminando el cielo oscuro y truenos resonaban y retumbaban como si fuera el fin del mundo. Después de varias horas, la tormenta se amainó y el cielo comenzó a alumbrar otra vez así que reanudé el autostop. Una pareja me recogió y me dejaron en Como, un espectacular pueblo pintoresco de los Alpes Italianos, bordeado por el lago del mismo nombre.

Mis estancias me llevaron en repetidas ocasiones a través de Italia, Francia, Alemania, Suiza, Bélgica y Holanda. Yo visitaba Francia tan frecuentemente que comencé a hablar francés con fluidez. La mayoría de las veces disfrutaba la libertad de hacer autostop por mi cuenta; aprendí a hacerlo con bastante éxito. Yo casi podía escoger el coche que quería y hacerlo parar. Al principio iba donde los coches iban. Más tarde podía decidir a donde iba y (haciendo autostop), llegar hasta donde yo quería. Conforme pasaba el tiempo, mi equipaje iba disminuyendo, por lo general sólo mi fiel bolsa de dormir de 50 peniques y un par de cosas esenciales enrolladas en su interior. Comía muy poco, por lo general sobrevivía a base de pan y leche o yogurt.

También iba a Ámsterdam a menudo, porque disfrutaba las galerías de arte y la gente de allí. Un día soleado a principios de 1970, me senté con un montón de otras personas en el Vondelpark en el centro de la ciudad. Un policía con pelo largo se acercó a nuestro grupo que estábamos fumando marihuana. Dirigiéndose a mí, cogió el porro, oliendo el humo, me preguntó si era cannabis. Dio un par de caladas profundas y al devolvérmelo me dijo, "pues sí" y siguió su camino. Pensé que me iba a meter en la cárcel. No me había dado cuenta que fumar hachís estaba permitido en áreas designadas para ello en Ámsterdam. El Paradiso era un club nocturno en el centro de Ámsterdam, donde había música en directo y donde las drogas se vendían legalmente. Estaba sorprendido y asustado a la vez por tanta libertad.

Estos viajes se produjeron principalmente durante las vacaciones escolares, ya que aún no había terminado la escuela. Mientras estaba en casa, (viviendo permanentemente en la casa de mis abuelos), bebía más y tomaba regularmente drogas. Me dejé el pelo largo y tomaba LSD y empecé a escuchar música rock. Mi grupo pasábamos de ir al colegio e íbamos al parque local con algunas botellas de vino y algunas drogas 'recreativas'.

Durante ese tiempo, conocí a una chica llamada Carol y nuestra relación empezó a florecer. Yo estaba dispuesto a dejar la escuela a la edad de dieciséis años, pero Carol, que había decidido continuar con los estudios, me convenció de hacer lo mismo. Ella me sugirió que intentara obtener las cualificaciones y las notas para ir a la Escuela de Arte de Glasgow. Me pareció buena idea.

Escuela de Arte

"¡Necesitas un corte de pelo! ¡Y en tu caso un buen pelado!" me dijo a voces el director. También, era necesario retomar las asignaturas que había dejado, incluso el arte, y para tener buenas calificaciones tuve que asistir a la escuela de arte por las tardes para hacer los proyectos prácticos. Sorprendentemente, aprobé todos mis exámenes (ahora llamados en Inglaterra A Levels o GCSEs) y, conseguí una calificación lo suficientemente buena para ser admitido en la Escuela de Arte de Glasgow en el otoño de 1974. No me lo podía creer. La Escuela de Arte de Glasgow tenía una gran reputación por todo el mundo, en gran parte por las conexiones con Charles Rennie Mackintosh. Tenía expectativas de unirme a una comunidad donde destacaban el genio y la creatividad. Me decepcionaría...

Para poder moverme de un lado a otro, decidí comprarme algún modo de transporte con el dinero de la beca de estudiante que me habían dado; una Vespa roja de 90cc. La moto era baratísima. La noche que la conduje a casa desde un garaje en el centro de la ciudad, estaba lloviendo a cántaros y encima estaba en plena hora punta. No tenía ni idea de las marchas, así que la llevé hasta casa en primera. Sin saber nada sobre el código de circulación, ¡es un milagro que llegara a casa sin ningún problema!

Mis recuerdos favoritos eran de conducir hacia mi 'lugar secreto' al lado del Río Avon, cerca de Strathaven, que estaba a una hora de Rutherglen. Este era un lugar de gran importancia para mí en varios momentos de mi vida, como veréis mas tarde.

Yo era un conductor pésimo y la verdad es que no mejoré mucho con el paso del tiempo. Intentaba arrancarla en las colinas y la moto salía disparada y yo quedaba en tierra. Una vez me caí cuando giraba a la derecha hacia la casa de mis abuelos, y eso me asustó.

Yo sólo tuve la moto durante unos pocos meses antes de que mi padre me la comprara, pero no creo que él fuera mejor conductor que yo. Se la quedó unos meses antes de venderla. Los dos nos alegramos de librarnos de ella.

Durante el primer año de estudiante (en el cumpleaños de Carol, el 19 de Febrero) mi madre intentó suicidarse otra vez. Ella estaba con Carol y conmigo, y después de haber bebido demasiado, se fue a casa y se tomó un puñado de medicamentos fuertes. Unas horas más tarde, con una voz confusa me llamó para decir "adiós". Cuando llegué a su casa, mi padre, que había estado en el bar, estaba en un profundo sueño durmiendo la mona. Le di café solo a mi madre y la hice andar de un lado al otro del piso hasta que llegó la ambulancia. Yo fui con ella al hospital, donde le hicieron un lavado de estómago y luego le ingresaron en la sala de psiquiatría.

Al amanecer, cuando volví a la casa, mi padre empezaba a despertarse...

"¿Dónde está tu madre?" preguntó mi padre con la lengua pegada a su seca garganta.

"Está en el hospital tras un intento de suicidio" contesté.

Encogió sus hombros sin mostrar preocupación alguna. Ya habíamos pasado por esto muchas veces antes.

"Esta vez es serio, papá, casi se muere." No se enteraba bien de lo que le decía, tenía la mirada perdida.

"Es hora de que dejéis de beber alcohol" le dije contundentemente y no dejé de vigilar a mi padre durante la siguiente semana a diez días. Me enteré de dónde se llevaron a cabo las reuniones de Alcohólicos Anónimos y le arrastré allí, día y noche – por todo Glasgow y por todo el centro de Escocia. Desde aquel momento mi padre nunca volvió a probar alcohol, y tampoco mi madre.

Para mi gran decepción, descubrí que, con la excepción de uno o dos, la mayoría de los estudiantes de primer año en realidad no querían estar en la Escuela de Arte. Me enteré de que estaban allí por el prestigio de su familia o porque no tenían el cerebro para ir a la universidad.

Por mi parte, pensé ingenuamente que yo quería ser un artista de bellas artes con especialización en dibujo y pintura. Comencé a darme cuenta de que el arte era mucho más envolvente de lo que yo creía. Me sentí atraído por varios medios de comunicación y espectáculo artístico y la obra de los expresionistas abstractos como Pollock, De Kooning y Franz Kline, entre otros.

Yo continuaba mis viajes al extranjero, que ahora incluían visitas esenciales a famosas galerías de arte. Babeaba delante de obras de arte antiguo y moderno en el Museo del Louvre y en la Galería de los Impresionistas en Paris; también en el Museo de Rembrandt, el Museo Van Gogh y el Museo de Arte Moderno de Ámsterdam, sin olvidar nuestra rica herencia propia en Escocia y el Reino Unido.

Mi estilo de vida bohemio y el hedonismo extremo me llevaron a comportarme de manera frívola inútilmente, sin embargo, a pesar de todo, le pedí a Carol que se casara conmigo. Al final del segundo año, un buen grupo de la Escuela de Arte creamos un nuevo departamento llamado 'Técnica Mixta' en el que nos permitieron experimentar con nuevos medios como el video y el espectáculo artístico e incorporarlo con expresiones modernas de bellas artes. Al final de este año, yo estaba bastante distanciado. Decidí dejar la Escuela de Arte después del tercer año, y casarme con Carol.

Para mi gran sorpresa, el jefe del Departamento de Pintura me ofreció el uso de su villa en el sur de Francia donde podría estar unos meses para pensarlo. Al parecer, estaba haciendo mejor las evaluaciones de mi tutor, incluso mejor de lo que pensaba, pero me había decidido; me iba ('de año sabático').

En abril de 1977 me casé con Carol. Vivíamos en un piso alquilado en Rutherglen. Yo trabajaba en una fábrica de camas – la misma en la que había trabajado durante las vacaciones de la Escuela de Arte. El padre de Carol era gestor allí y su madre costurera. En poco tiempo me convertí en el jefe de obra con cincuenta personas bajo mi responsabilidad. Sabía, sin embargo, que esto no era lo que quería hacer con mi vida y no estaba satisfecho. Después de dos años me fui y, para despejarme la cabeza, trabajé en una obra durante unos pocos meses.

Para conseguir ese trabajo, anduve varios kilómetros de un extremo de Glasgow al otro, visitando todos los sitios de construcción por las que pasaba. En el camino me encontré con un hombre que tenía experiencia laboral en construcción, sin embargo, él no sabía leer ni escribir. Nos pusimos de acuerdo, entonces, en que yo rellenaría los informes de solicitud, mientras que él me dictaba lo que tenía que escribir. En nuestros formularios éramos 'hombres compresores'. Todo parecía muy impresionante y nos ofrecieron trabajos.

¡No tenía ni idea de donde me estaba metiendo! En la primera mañana nos dieron taladradoras y nos bajaron en un hoyo profundo de tres metros y medio. Apoyando la taladradora en mi pecho, tuve que perforar horizontalmente en la roca que tenía enfrente.

Al final de la semana me dolían partes del cuerpo que ni siquiera sabía que existían. No podía lavarme porque tenía las manos llenas de heridas, la piel desgarrada y los dedos agarrotados en la posición del agarre de la taladradora. No tardé mucho tiempo en darme cuenta de que esto no era para mí.

Por aquel entonces, pasé algún tiempo fuera de casa en las calles de Rutherglen sacando fotos de gente interesante y eventos. Algunas las vendí a las personas que salían en las fotos y otras a periódicos locales y nacionales (el conductor del autobús cantante; el perro con cien años). Me registré en la Oficina de Fotógrafos Independientes y comencé a presentar fotos a las agencias de Londres. Todavía dibujaba y pintaba un poco y gracias a eso recibía buenas comisiones. De vez en cuando, trabajaba con grupos de niños en proyectos creativos y daba clases de arte a los aspirantes.

Carol se quedó embarazada de nuestra primera hija, Sarah, que nació en abril de 1980. Coincidiendo casi exactamente con su nacimiento, abrí mi primer estudio/galería en Hamilton Road, Rutherglen, no muy lejos de donde yo casi había muerto en el incendio a la edad de cuatro años.

"El Mejor Fotógrafo de Pop y Rock de Escocia"

Al principio, sacaba todo tipo de fotografías: bodas, bebés, ¡incluso a mascotas! Esto se diversificó para incluir anuncios, la industria, lesiones penales, pero con el tiempo una gran parte de mi trabajo fue para la prensa nacional.

Debido a mi amor por la música, mi trabajo pronto se convirtió en sacar fotografías para los tabloides de música y compañías discográficas. A medida que esto avanzaba a menudo hacía dos o tres conciertos en una sola noche - a toda prisa para revelar las fotos (¡estos fueron los días pre-digitales!) Y enviaba un paquete exprés a las oficinas de Londres de los tabloides de música durante la noche. Si tenía compromisos para filmar de día, tenía que terminarlos antes de salir a cubrir más grupos de música por la noche.

Como la demanda de mi trabajo crecía, empecé a viajar a Londres con frecuencia. Con el tiempo esto significaba estar en Londres cada semana, por lo general viajaba de la noche para no perder un día de viaje. Mi consumo de alcohol y drogas se elevó a cantidades aterradoras durante este tiempo; especialmente el consumo de anfetaminas, sobre todo la metanfetamina speed y, a veces, la cocaína. Cuando tenía la oportunidad de dormir, tomaba tranquilizantes, llevándome eventualmente a la heroína. Esta manera de vivir, 'haciendo malabarismos' era insostenible, y afectaba gravemente tanto mi cuerpo como mi mente. Mi matrimonio también era un fracaso porque apenas veía a Carol y Sara.

Al mismo tiempo, mi reputación profesional crecía y empecé a recibir trabajos de portada. El primero fue el grupo Spandau Ballet para Melody Maker. He trabajado con gente famosa y he cubierto eventos musicales muy importantes. En total he trabajado con más de 500 bandas diferentes. En un Festival de Punk en Leeds que cubrí, estaba delante del escenario, en el foso de los fotógrafos entre los grupos que tocaban y la audiencia. Después del festival, como consecuencia de la avalancha de escupitajos y del lanzamiento de alcohol que tiraban la audiencia y los grupos entre ellos, tuve que quemar la ropa que llevaba.

El Consejo de las Artes me pidió que exhibiera en las galerías del Reino Unido y me llamaban 'El Mejor Fotógrafo de Pop y Rock de Escocia'. Mis ingresos se aumentaron (a veces hasta mil libras por día) y también se aumentaron mis gastos (¡a veces más de mil libras por día!). Como Carol y yo nos distanciamos, comencé una nueva relación con una periodista, Olivia. Aturdido y confundido por las drogas, el alcohol, y mi estilo de vida loca, fui infiel a Carol. Ella me dejó y mi vida cayó en picado.

Mi estilo de vida era un Frankenstein; un monstruo que me iba a matar. Buscando una manera de salir, dejé de aceptar nuevos contratos e intenté trabajar más a nivel local. Inicialmente, esto iba bien pero pronto me aburrí. Comencé a darme cuenta de que la cantidad de drogas y de alcohol era lo suficientemente grande para matar a un elefante, y también perdí la adrenalina que obtenía en los conciertos donde trabajaba.

Mi siguiente paso fue utilizar los muchos contactos influyentes que había formado a través de la industria musical para comenzar un negocio de promoción. Pronto estaba promocionando bandas en directo y eventos musicales a lo largo del Centro Escocia y operaba en cinco clubs de forma simultánea. Nace Frankenstein II…

Empecé a gestionar bandas nuevas, la más exitosa era una banda cristiana llamada Woza, que más tarde se transformó en Deacon Blue. Sabía un poco sobre el cristianismo, lo suficiente como para saber lo que se esperaba de mi cuando organizaba los conciertos para la banda. Por aquel tiempo durante una entrevista en Radio Clyde con la banda , DJ Billy Sloan, que había escrito la crónica especial de Spandau Ballet por la que había sacado las fotos, irónicamente se refirió al 'celo mesiánico' de Peter Stanway.

La banda amablemente me dejó con mis costumbres paganas. Aunque, en retrospectiva, Dios había puesto en marcha un proceso de transformación de mi vida para volver a Él. Me ingresaban muchas veces en el hospital con medicamentos prescritos por una plétora de médicos, pero había tomado la determinación de que si quería salvar mi matrimonio y mi vida, tendría que tomar algunas medidas drásticas. Era el año 1983, y estaba a punto de entrar en un centro de rehabilitación por primera vez.

Huyendo

Fui a un seminario ex-católico casi abandonado en Cardross entre Helensburgh y Dumbarton, dirigido por un hombre llamado Willie Blainey. Me alojé allí durante unos inestables nueve meses. No todos los que vinieron se tomaban en serio el abandono del hábito de las drogas. Algunos llegaron a revisar sus hábitos y sus gastos, y se marcharon después de un corto tiempo para empezar de nuevo con un hábito más asequible. Algunos vinieron decididos a cambiar y tardaron desde días hasta meses antes de volver a las drogas. Otros llegaron en busca de la indulgencia de los juicios pendientes que tenían. En mi caso, me fue bien en las primeras semanas. Padecí todos los efectos del síndrome de abstinencia (el mono). Mi cuerpo estaba bien, pero mi cabeza estaba fastidiada.

Una noche hubo una tormenta eléctrica inmensamente poderosa que tenía un efecto en la adrenalina de algunos de los chicos más jóvenes. Uno de ellos decidió que iba a salir a la calle y jugar al marro con los rayos, esquivándolos mientras golpeaban los jardines de la casa. Cuando regresó tenía los pelos de punta y los ojos como platos. Estaba colocado con el subidón de adrenalina de haber estado cerca de la muerte y, en cierto modo, es el juego con la muerte lo que lleva a algunas personas a convertirse en adictos. Otro chico llegó de un hospital, donde casi murió a causa de la heroína que había sido mezclada con polvo de limpieza 'Cif' Esta mezcla había quemado parte de sus órganos vitales y casi destruyó su corazón. Después de un par de semanas de rehabilitación se fue y volvió directamente a contactar con el camello al que le compró la droga.

Cuando recibí una subvención para ropa de la Seguridad Social, otro adicto y yo fuimos directamente a casa de un camello, compramos heroína y un kit (aguja y jeringa), entramos en un bar del centro de la ciudad y nos chutamos. Fui el segundo en usar la aguja, así que tiré las piezas en la cisterna del inodoro. Cuando volvimos al centro de rehabilitación, quedó claro por nuestra manera de actuar y nuestros ojos que habíamos tomado drogas. Sin embargo, nos dieron otra oportunidad. Tres días después, mi piel se puso de color plátano y tenía los ojos rojos y sangrientos como Drácula. Yo había cogido Hepatitis. El doctor me dijo que se clasificaba como "no A, no B 'y que no habría efectos secundarios duraderos. Por lo tanto, cuando me recuperé jamás volví a pensar en ello (durante casi veinte años).

Después de seis meses más en rehabilitación, Carol comenzó a visitarme. Parecía que había una posibilidad de reconciliación entre nosotros. Comencé a buscar trabajo y me dieron un puesto como coordinador de una organización benéfica de padres solteros, con sede en Dennistoun en el este de Glasgow. Me fue bien durante unos meses. Estaba limpio y sobrio. Me reuní con mi esposa e hija y me quedé con ellos. Carol volvió a quedarse embarazada con nuestro hijo, Ryan.

En el peor momento posible, mientras que ayudaba a organizar un gran evento nacional de la juventud, recaí en mis viejas costumbres, me emborraché, traje desgracia a mí y a mi familia y mi matrimonio cayó en el pozo más profundo. En ese punto sin retorno, dije basta y decidí huir, desapareciendo en el horizonte. Decidí ir a África y dependiendo de si terminara en la costa este u oeste eso determinaría la dirección que debería tomar después. Organicé mi propia fiesta de despedida, que se prolongó varios días.

Quedé con un conductor de camión trans-europeo que me llevaría a España. Para cuando finalmente conseguí la fuerza suficiente como para salir, me di cuenta que yo no tenía dinero ni esposa y prácticamente ninguna esperanza. Estaba al límite de la locura, en las primeras etapas de una crisis nerviosa y perdiendo rápidamente cualquier tipo de contacto con la realidad.

Iba saltando de camión en camión por toda Europa hasta que con el tiempo me detuve en Córdoba en Andalucía en el Sur de España. Fue en septiembre u octubre de 1986. Yo no hablaba español en aquel tiempo pero sí francés. Localicé un taxista que hablaba francés y él me condujo a un propietario de un pequeño hotel que hablaba español y francés. Después de un par de días encontré el mejor colegio de idiomas en la ciudad. Les mostré mi camuflado certificado de EILE (la Enseñanza de Inglés como Lengua Extranjera) y trabajé allí como profesor de conversación.

Mis alumnos hablaban inglés con soltura y sólo necesitaban practicar conversaciones conmigo. Mientras hacía esto, empecé a aprender español gracias a mis alumnos. Pronto comencé a empeorar a causa de la consumición de grandes cantidades de vino. Me puse enfermo y no pude mantener mi trabajo. Ellos descubrieron que yo había falsificado el certificado y me despidieron. Decidieron no denunciarme. Mientras fui profesor, hice buenas amistades con mis alumnos, muchos de los cuales eran hombres de negocios. Me preguntaron si me gustaría seguir enseñándoles en privado.

Uno de mis estudiantes tenía una novia, que tenía una amiga... se llamaba Inmaculada de la Concepción, o 'Inma', para abreviar. Se convirtió en mi novia... Llegué a amar profundamente a Inma, a sus hijas y a su familia. Sus padres, que estaban separados, vendían billetes de lotería de la ONCE – La Organización Nacional de Ciegos de España es una organización española que ayuda a los ciegos y deficientes visuales. A su madre le faltaba un ojo y su padre estaba completamente ciego. Aida y Silvia, hijas de Inma, tenían padres diferentes. Inma trabajaba limpiando casas, vivía con su padre y cuidaba de él.

Poco después de conocernos, alquilamos un aparta-mento en la Judería, el fascinante barrio antiguo judío en la hermosa ciudad de Córdoba, cerca de La Mezquita, que era, cuando fue construida en el siglo VIII, la segun-da mezquita más grande en el mundo después de La Meca. Enseñaba inglés en nuestro apartamento o en las casas de mis estudiantes hasta que, como una pesadilla que se repite, una vez más el alcohol me pasó factura y ya no tenía la capacidad suficiente como para enseñar.

Muchos de mis estudiantes me suplicaron que con-tinuara, pero no pude. Yo era incapaz de tener cualquier tipo de responsabilidad. Después de un par de años decidí hacer las maletas y salir de Córdoba e ir a la Costa del Sol, donde ya había estado una vez de vacaciones. Debido a los compromisos con su familia, Inma no podía tomar esa decisión tan fácilmente. Ella se quedó hasta que yo pudiera encontrar algún trabajo estable.

Soy consciente de que, como una piedra escogida con cuidado, es arrojada con precisión para que rebote en la superficie del agua, puede parecer que he seleccionado unos pocos incidentes que pasaron rozando sobre la superficie de mi vida y que apenas la tocaron. Sin embargo, debes saber que todos los incidentes mencionados en este libro fueron muy importantes, tanto en el momento en que ocurrieron, como de manera psicológica que dieron forma a mi vida en el futuro.

Me encantó mi tiempo en España, sobre todo los primeros años. Como una esponja, absorbí la cultura, la música, la danza, el lenguaje, la historia, los colores, los sabores... todo lo que realmente es España. Había aprendido, en Alcohólicos Anónimos, la locura del 'cambio geográfico'. A menos que nos enfrentemos y tratemos con los problemas que habitan dentro de nosotros, simplemente vamos a llevar con nosotros los problemas dondequiera que vayamos. Una y otra vez me tropecé con el mismo obstáculo. Fue el demonio de la adicción. Mi vida ha sido una larga batalla de victorias transitorias y terribles derrotas. Yo estaba cayendo de cabeza y sin control por una pendiente resbaladiza hacia un abismo de oscuridad. A pesar de lo que debería haber aprendido de las lecciones de la vida, ignoré los consejos, las advertencias, mi conciencia o incluso mis instintos. Sorprendentemente, a pesar de todo, la ayuda estaba en camino, aunque todavía no lo podía ver, ¡o no quería verlo!

Empecé a trabajar en un bar británico en La Carihuela, cerca de Torremolinos. Para entonces hablaba con soltura el español, así que, yo podía llenar el bar de jóvenes españoles. Me pagaron una miseria por ese trabajo, pero podía beber todo lo que yo quería. Es decir, hasta que los dueños me dijeron que bebía más de una botella de brandy cada noche y tuve que reducir mi consumo.

Conocí a algunas personas que me explicaron algunas cosas como 'la estafa de la multipropiedad'. Había muchos elementos de estafa, sin embargo, una de las cosas que podía hacer era mandar gente al complejo de multipropiedad lo más temprano posible. Un autobús les recogería desde una ubicación céntrica. Si llevaba parejas allí antes de una hora determinada, la persona que trataba con ellos en la multipropiedad recibía una bonificación, la cual él o ella me la daría a mí. Podría ser una botella de whiskey, una comida en un restaurante, billetes para un viaje, etc. Yo podía vender esos regalos y ganar algún dinero. A menudo iría con una chica que fingía ser mi mujer, a cambio de una excursión, y yo podía ganar la bonificación de la mañana. Ella simplemente tendría que recordar decir que "no", y no caer bajo el persuasivo poder del vendedor de la multipropiedad. Con el tiempo me descubrieron y fui conocido por toda la Costa y no pude seguir con el engaño.

Finalmente Inma vino a la Costa a estar conmigo y encontró trabajo como camarera de habitación en un hotel cercano. Alquilamos un apartamento bonito en la ciudad con una piscina. Mi adicción a la bebida estaba ahora completamente fuera de control y lo empeoraba con pastillas y drogas blandas. Había vuelto a perder la cabeza.

Yo todavía amaba a Inma, pero estaba demasiado mal para mantener nuestra relación. Había empezado a vivir más y más en la zona de penumbra de las drogas y el alcohol. Hice un breve viaje a Gibraltar en busca de trabajo, sin suerte, y también otro viaje a Ceuta (África del Norte). Durante ese tiempo comenzaron algunos problemas en el Oriente Medio (1988-1989) y todo el mundo salía por temor a represalias estadounidenses. Fue la etapa preliminar de la Guerra del Golfo y rápidamente las autoridades en la frontera de África me enviaron de regreso a España.

Uno de los hombres de negocios británicos en la franja de la ahora conocida 'Costa del Crimen' era un traficante de drogas. Me encontré de nuevo en Marruecos, en las montañas del Rif, tragando piezas del tamaño de un pulgar de cannabis envueltos en un plástico transparente para la exportación en mi estómago, hacia Francia para venderlo... Me convertí en un 'camello'. EL dinero que gané haciendo esto lo perdí cuando estaba borracho en un bar en mi primera noche de vuelta en La Costa. Inma estaba trabajando entonces en una discoteca, aprendiendo a maldecir en inglés y a aprendiendo a beber como un pez. Mientras tanto, yo conspiraba y estafaba para ganarme la vida de cualquier forma.

Empecé a dormir a la intemperie en la playa o en cualquier lugar. Esto significaba que tenía que madrugar para evitar a la policía. Tan pronto como me despertaba, necesitaba un trago, pero la mayoría de los bares estaban cerrados. Solía seguir a la furgoneta de reparto del pan y robaba una o dos barras de cada entrega que dejaba atada a las puertas de un café. Cuando había acumulado el pan suficiente, regresaba a la parte de la ciudad donde me conocían. Vendía el pan por brandy o cerveza en los bares. Esto me daba suficiente 'combustible' para empezar otro día haciendo trabajitos. Sin embargo, el tiempo se acababa, mi crédito se había agotado. La mayoría de la gente estaba harta de Peter, el vagabundo borracho de la playa.

Una vez, sentado en el patio de un pequeño bar a las afueras de la franja turística, un 'amigo' y yo pedimos una botella de vino blanco. Cuando llegó la cuenta, estaba claro que nos habían cobrado el precio turístico y estalló una discusión. Enfadado, saqué la sombrilla plegada que estaba metida en el centro de nuestra mesa y ataqué al dueño del bar con el extremo puntiagudo. Afortunadamente, no hubo que lamentar graves daños, sólo un pequeño rasguño en el lado de la cabeza, pero podría fácilmente haber sido mucho, mucho peor. Me denunció, pero la policía no me cogió hasta mucho tiempo después. Tuve que presentarme ante el tribunal de Córdoba donde vivía entonces. Por la gracia de Dios me libré de una sentencia de cárcel.

Huyendo

A pesar de todo mi mal comportamiento y estilo de vida irresponsable, de vez en cuando, extraños se acercaban a mí y me decían, "Tú eres un cristiano, ¿no?". Supongo que, como eran cristianos, podían ver algo que yo no podía. Yo trataba de huir del cristianismo, pero Jesús no me dejaba ir. En varias ocasiones, mientras dormía en la playa en invierno, me despertaba por la mañana y estaba tapado con una manta. Podían haber sido simpatizantes o incluso ángeles, pero yo daba por hecho, que era Jesús. Él todavía vivía en mi corazón y Él se preocupaba por mí.

Es muy posible que estuviera en el epicentro de un completo colapso nervioso, y decidí que era tiempo de continuar con el viaje que había comenzado cuando me escapé de Escocia en 1986. Era alrededor de 1988/89. Volví a Marruecos, África del Norte. Esta vez me dirigí al sur, hasta Marrakech, 'el cementerio de elefantes' para los hippies viejos.

"¡Esforzaos y sed valientes! No tengáis temor no os aterroricéis de ellos, porque Jehovah tu Dios va contigo. El no te abandonará ni te desamparará"
(Deuteronomio 31:6) RVA

45

Locura Norte-Africana

Después de tantos años haciendo autostop, supongo que ya me consideraba un viajero 'experto', pero nada me había preparado para el choque cultural que me esperaba. No me acuerdo muy bien de mi viaje en tren hacia el sur. Se lo que sí me acuerdo es de mi llegada a Marrakech. Al salir de la estación, fui rodeado por dos jóvenes 'guías' que no me dejaban continuar mi camino. Me llevaron por callejones estrechos, por calles laterales y, finalmente, a la plaza principal, Djemaa el Fna, una animada plaza del mercado rodeada de cafés y bazares. Me dejaron mareado fuera de un café que preparaba té con menta, recuperándome de una violación enorme de mis sentidos y sensibilidades.

Yo no podía entender ni una palabra de lo que se hablaba ni nada de lo que estaba escrito a mi alrededor. Tenía miedo y me sentía vulnerable. De alguna manera, comuniqué mi necesidad de alojamiento y más tarde me encontré frente una puerta estrecha que daba a un patio privado. Lo primero que vi fue un hombre viejo con arrugas, de rodillas sobre una alfombra pequeña de colores, inclinándose en oración. Una agradable mujer joven de mediana edad me mostró una habitación. Era una habitación encalada, tenía una cama pequeña, otra pequeña alfombrilla y una bombilla solitaria en el techo. Puse mi mochila, que contenía todo lo que poseía en el mundo, encima de la cama. Me senté al lado de ella y traté de dar sentido a lo que estaba sucediendo. Estaba terriblemente confundido.

Recuerdo que pensé que necesitaba dinero y se me ocurrió la idea de vender el contenido de mi mochila. Tenía unos pantalones, un jersey, una camiseta y un impermeable bueno y unas botas. Me enteré (¡no me pregunten cómo!) que a unos metros vivía un hombre que compraría todo lo que quería vender (aún me recuerda al comerciante con fez interpretado por Sidney Greenstreet en la película 'Casablanca'). En mi confusión, confundí la tasa de cambio y terminé vendiendo todo por una décima parte de lo que quería. Al salir de la casa otro hombre joven me siguió, mostrando interés en comprar también algo de mí. Me ofreció una gallina, la cual rechacé, y entonces procedió al trueque con un poco de resina de cannabis raspado en el interior de una bolsa de plástico semi-opaca. Lo acepté.

De vuelta en mi habitación estaba paralizado por la ansiedad y paranoia, así que comencé a hacer porros y fumar la resina de cannabis, colocándome muy rápidamente. La resina era muy fuerte. De repente, la puerta de mi habitación se abrió y unos policías entraron rápidamente. Juntaron las pertenencias que aun me quedaban y me echaron a la calle. Me dijeron que tenía que marcharme de Marrakech.

Al llegar a la estación de tren, descubrí que tenía poco dinero. No podía pagar el billete de vuelta a Tánger. Recuerdo a la gente en la taquilla riéndose y burlándose de mí. Al final, conseguí comprar un billete barato que me permitió viajar con los nativos y su ganado. En el tren, muy nervioso, fumé más resina. Me entró sueño y me acosté en el asiento de listones de madera y cerré los ojos...

"¡Mira en qué estado está!" Me desperté con el sonido de las voces.

"¿Quién se cree que es?"

Las voces me sonaban familiares... A lo largo del vagón del tren se produjo un desfile de caras conocidas, sin embargo, llevaban disfraces. Algunos trataron de hacerme reír, otros me amenazaban. Me senté rígido, mirando al frente, de alguna manera consiguiendo dirigir el aire en mi cuerpo, para que se hiciera duro como el acero.

"Aunque si le disparáramos ahora la bala rebotaría. ¡Mira su cuerpo!", dijo uno de ellos.

Me di cuenta de que mis compañeros alucinógenos eran gente que había conocido en La Costa - propietarios de bares, ladrones, gente que me caían bien y otras que no.

Confrontación

El tren empezó a parar, o al menos lo parecía. En realidad, mi vagón había sido desenganchado e iba dirigido hacia una vía muerta. Traté de bajar y salir corriendo pero sentí un golpe en el muslo y una aguja pinchándome. Todo se volvió negro.

Cuando desperté, estaba en una habitación vacía sin ventanas. Abrí la puerta, y al salir, vi a un hombre africano sentado, al final del pasillo sin mostrar interés alguno en mí. Caminé en dirección contraria y no pareció molestarle. En el exterior, descubrí que yo había estado en una serie de edificios subterráneos. Di una vuelta al campo y encontré una cerca perimetral alambrada. Todavía estaba muy mareado y la valla empezó a girar a mi alrededor...

Cuando volví a despertar estaba todavía en el campo. Examiné la valla para buscar algún hueco y pasar al otro lado, sólo para ser recogido en cuestión de minutos por un Landrover que me llevó de vuelta al recinto. Otro golpe en el muslo me envió de nuevo al olvido.

Días y días pasaron, tantos que perdí la noción del tiempo. Al parecer, la gente en la Costa equivocadamente pensaba que yo tenía información sobre personas que pudiera llevarles a una cantidad enorme de drogas a causa de mi participación con el tráfico de estupefacientes. ¿Qué otra razón podría yo despertar tanto interés?

Con el tiempo, conseguí escapar, o tal vez me dejaron ir para seguirme. Llegué a un pueblo cercano llamado Ksar el Kebir, en las montañas del Rif de Marruecos. Me dolía la pierna de todas las inyecciones que había recibido; no dejaba de caerme. En un momento dado escuché una conversación, "Mejor no darle más. Podríamos matarlo."

Otra voz respondió: "Él es un adicto asqueroso, está acostumbrado a las inyecciones."

Paseaba por la ciudad, en busca de ayuda. Yo estaba completamente paranoico y desorientado. Me parecía ver a mis secuestradores en cada esquina. La gente me perseguía – como en una mala película. Recuerdo que me persiguieron grupos diferentes que dijeron que iban a por mí. Me encontré en un edificio abandonado que parecía un cine desde el exterior. En el interior había un pequeño grupo de personas, y me uní a ellos. De repente hubo una violenta explosión de gritos y el hombre que estaba a mi lado recibió un disparo en la cabeza.

Conseguí escapar, pero no sabía a dónde ir. Pensé que era mejor permanecer en lugares de bullicio, así que me senté en unos escalones donde había mucha gente alrededor. Un hombre comenzó a hablar conmigo. Me pareció sospechoso, pero él parecía amable y se ofreció a ayudarme. Yo tenía la ropa sucia y los vaqueros rasgados llenos de barro de cuando me caí. Me dijo que le siguiera y me llevó a un zoco. Detrás del bazar nos encontramos con un grupo de marroquís viejos sentados en un círculo fumando de una cachimba.

Mi 'amigo' le habló a uno de ellos. El hombre se puso en pie y levantó la persiana de lo que parecía una cárcel. En el interior había unos rollos de todo tipo de telas. Él encontró un rollo de pana y rápidamente me hizo unos pantalones. Estaban limpios, pero ¡podría haber metido las dos piernas en una pierna del pantalón! Mi 'amigo' luego me llevó a su casa.

Era un apartamento de estilo occidental y bastante moderno. Dentro, había un muchacho tumbado en el sofá. Hablaban árabe entre ellos y después mi 'amigo' desapareció. Subió a la azotea, donde criaba aves y mató dos para la comida. Yo era su invitado de honor. Después de comer, fui a dar un paseo por el barrio. Cuando volví hacia la casa, vi un primitivo camión de bomberos estacionado fuera de la casa, estaba en llamas. Fue destruida por el incendio.

Me asusté y corrí para ir lo más lejos posible. Vi una comisaría de policía y pedí ayuda... había perdido todas mis pertenencias, incluso mi pasaporte. Después de horas implorando, logré que al policía se percatara de mi situación desesperada. Me dijo que por mi seguridad podía pasar la noche en su celda. Mientras tanto, le dijo a un joven oficial que me acompañara, como un guardaespaldas, hasta la noche. Fuimos a una cafetería de carretera, que parecía bastante respetable. Pedimos té de menta y de inmediato el joven comenzó a liar porros y a fumar hachís. Rápidamente se colocó. ¡Gracias por la ayuda!

Necesitaba ir al baño y le pregunté al oficial que se pusiera de guardia en la puerta de atrás. Él se negó, diciendo que él podía ver la puerta desde donde estaba sentado. Pasé por la puerta y salí fuera a orinar en un agujero pequeño en la 'letrina'. Por encima de donde estaba parado había una rejilla de ventilación del edificio principal y pude oír unas voces. "Está ahí", dijo alguien. "Le cogeremos cuando entre."

Rápidamente inventé un plan para llamar toda la atención que fuera posible. Corrí de nuevo a la cafetería y empecé a acumular mesas y sillas en frente de mí, arrinconándome en una esquina. Grité con todas mis fuerzas para pedir ayuda. El oficial encargado de la estación de policía finalmente apareció y me llevó a mí y a su novato a la comisaría. El joven oficial, que todavía estaba extremadamente colocado, fue alojado en mi celda para dormir hasta la mañana. Con el sonido de las amenazas del novato colocado esfumándose en la distancia, me llevaron a un prostíbulo local 'protegido' a dormir allí. Me eché a dormir en la cama de mi pequeño cuarto, mientras fumaba un cigarrillo y escuchaba.

Podía escuchar a las chicas riéndose entre ellas y el sonido de las voces de dos hombres, que seguro estaban en una de las esquinas de la habitación en una pequeña plataforma elevada. A pesar de que hablaban en árabe, me pareció entender lo que decían. ¡Estaban negociando mi compra-venta!

Me quedé allí toda la noche con la puerta bien cerrada y, a primera hora, regresé a la comisaría de policía. El policía a cargo llamó a un nativo de Marruecos con un uniforme de una talla demasiado grande y una gorra que se le caía de la cabeza. Tenía una media sonrisa en la cara. El policía le entregó las llaves de un Landrover y ordenó que me llevara a Rabat, al Consulado Británico. Salimos a toda velocidad, doblando las esquinas sobre dos ruedas y patinando hasta detenerse en la estación de autobuses en Ksar al Kebir. Mi conductor me hizo una señal para que me bajara y luego salió a toda velocidad y me dejó. Afortunadamente, uno de los conductores de autobús vio todo esto y ofreció a ayudarme.

Durante los próximos dos días, condujo su autobús con todos sus pasajeros a Tánger (no a Rabat) y cada vez que parábamos me compraba algo de comida. Utilizando el documento sellado de la estación de policía en Ksar al Kebir como un sustituto del pasaporte, conseguí embarcar en el ferry de regreso a Algeciras en España. En Algeciras mendigué algo de dinero para tomar otro autobús hasta la costa y regresar a La Carihuela...

Escondiéndome

Pronto volví a empezar desde donde lo había dejado. Durante las siguientes semanas planeé ir de bar en bar. Tenía que visitar el Consulado Británico en Málaga. Como no tenía pasaporte, re-sellaron el documento que me daba una prórroga de treinta días, después tenía que salir de España.

En uno de los bares donde yo vendía el pan, el dueño me ofreció todo un reto. "Consigue dos billetes de avión en el mercado negro al Reino Unido, uno para mí y otro para usted. El dinero está en una copa en el 'pórtico" Me las arreglé para obtener uno para él casi de inmediato, pero el mío tardó un poco más. Con el tiempo, encontré un vuelo a Manchester. Recuerdo llegar alrededor de las 2:00 am con mi 'documento oficial' hecho jirones y una bolsa que contenía una patata (¡no me pregunten por qué!). Hice autostop. Un joven que trabajaba en el aeropuerto se detuvo y, aunque se desvió de su camino, me llevó a casa de mi tío, en Upton, cerca de Pontefract.

Me alojé allí unos días y luego me dirigí hacia el norte a Glasgow. Yo me quedé con mis padres, pero mi mente y mi vida estaban hechas pedazos. Bebí en el bar frente a su casa y me rodeé de malas amistades. Al poco tiempo, yo estaba entregando vehículos robados de vuelta a Inglaterra. (Los dos hermanos que robaron los coches y organizaban la compra murieron de una sobredosis de drogas poco después de esto). Nunca fui un buen delincuente, y en el segundo o tercer intento, medio borracho, me quedé sin gasolina en la carretera A66, con nieve por todas partes, en medio de la nada en medio de la noche.

La policía se detuvo a preguntarme y les pedí dinero para gasolina. Ellos me dirigieron a una estación de servicio un poco más abajo de la carretera donde se podía hacer un trueque. Cambié cinco cintas de casete por el valor de £5,00 en gasolina. Al volver a la carretera, los mismos policías me detuvieron con su coche. Empezaron a sospechar de mí. Ellos me pidieron que saliera del coche y que me metiera en el suyo. Revisaron mi carnet de conducir, que estaba limpio, para su sorpresa. Con el tiempo descubrieron que el coche que conducía era robado, a pesar de que habíamos cambiado las matrículas. El factor decisivo fue el destornillador en la caja de arranque rota, con los cables colgando como si fueran espaguetis de colores...

Me llevaron a una comisaría local, donde, después de registrarme, encontraron sesenta libros de registro de vehículos de todo tipo de tamaños y colores. Detectives del Departamento de Investigación Criminal llegaron de Glasgow para llevarme a Escocia. Me metieron en las celdas de la comisaría en la Calle Craigie para ir al juzgado el lunes. En medio de todo esto, sentí una extraña paz hasta el punto de asustar a los otros chicos de la celda.

Los detectives me interrogaron y me buscaron un abogado. Me advirtieron que contara que me cayeran de cuatro a siete años de cárcel. Fueron a visitar a mis padres ya que yo no tenía un domicilio fijo. Más tarde me enteré que le explicaron a mi padre que si les decía que yo vivía allí sería favorable para mí. Su respuesta, me dijeron, fue "no tengo un hijo llamado Peter".

El lunes por la mañana llegó y me llevaron con un montón de otros chicos al sótano de la Corte del Sheriff en Glasgow donde estábamos apretados como sardinas enlatadas. Me llamaron en voz alta y salí en la misma dirección que los demás cuando les iban llamando. "Vas por el camino equivocado, sígueme". Me di la vuelta y vi a un policía en un escritorio sosteniendo una bolsa de plástico transparente que contenía 2 peniques y un paquete de papel de fumar.

"Usted es libre de irse", dijo. Mi boca se abrió, 'Es una trampa' pensé. " Liberado por el PF (Procurador Fiscal)

Pasé por una puerta que me llevó directamente fuera. Estaba convencido de que era un montaje, porque yo era culpable. Seguramente me habían liberado para que les llevara al resto de la banda. 'Será mejor que me mantenga alejados de ellos', pensé y, en consecuencia, encontré un cuarto y me escondí. ¡Me sentía muy mal! Bebía demasiado y poco a poco me volvía más paranoico.

De Mal en Peor

Una noche yo estaba en un taxi y me di cuenta de que el conductor me estaba observando por el retrovisor. "Eres Peter Stanway?", preguntó. El miedo y el sudor se apoderaron de mí. Seguro que podía olerlo.

"¿Quién quiere saberlo?"

"Usted no me recuerda, ¿verdad?"

"Pues..."

"Soy John. Hiciste el reportaje de las fotos de mi boda".

"¡Oh!... Sí', dije sin recordarle. "¿Todavía haces fotos?"

"No mucho."

"Tengo un trabajo para conducir un prototipo de vehículo 4x4 por el desierto del Sahara y volver y la empresa está buscando a alguien para hacer un video promocional. ¿Estarías interesado?"

Aquí estaba mi salida de emergencia de Escocia. "Suena genial."

"Voy a preparar una entrevista".

Al poco tiempo, fui con John a Salisbury, donde, después de una breve entrevista, me dieron varias cámaras fotográficas y cámaras de cine profesionales. Fuimos a la base de pruebas en Salisbury para poner el vehículo y el equipo a prueba El prototipo era increíble, tenía seis ruedas, y fue una colaboración de Mercedes y Daimler. Fue construido para dos parejas, con una tienda de campaña en el techo. Tenía una suite de edición de alta tecnología a bordo y un sistema de alarma súper eficiente. Encontré una compañera, una chica que apenas conocía, y junto con John y su esposa, nos pusimos en marcha rumbo al Sahara de Argelia.

Llovió a través de toda Francia, así que saqué unas fotos buenas del coche pasando por los charcos. En el camino me bebí una caja de vino tinto entera. El sur de Francia / Norte de España y Los Picos de Europa... una espectacular sierra de montaña dentadas, cubiertas de nieve. John demostró su experiencia como piloto de rally y, comunicándose conmigo por el walkie-talkie, desde cordilleras distintas, puso el vehículo a prueba. Logré filmar algunos videos y sacar buenas imágenes.

Hacia el sur, nos detuvimos afuera de la franja de bares donde había pasado tanto tiempo tan sólo unos meses antes. Fue como un regreso triunfal. Después fuimos hacia Algeciras para coger el Ferry al Norte de África. Decidimos parar para comer y, aparcamos en un aparcamiento concurrido en el centro de la ciudad, cerramos el coche, pero no conectamos la alarma. Cuando volvimos nos habían robado. Un pequeño mono adiestrado había entrado por una de las ventanas y abrió las puertas desde el interior. Nos robaron todo el equipo. La misión fue cancelada y el juego había terminado.

Después de haber escapado de Glasgow otra vez, de ninguna manera iba a volver allí. Me dejaron en La Carihuela y mi nueva 'novia' decidió acompañarme. Otra vez estaba 'trabajando' fuera de un bar escocés. Durante una o dos noches vi a un hombre respetable, sentado y observándome. Apenas bebía. La noche siguiente apareció en un jeep abierto y me dijo que entrara.

"Estoy trabajando" le dije.

"Entra, me encargaré de eso"

Condujo una corta distancia hacia el otro lado de Torremolinos y se detuvo frente a un edificio grande, oscuro y cerrado. Nos encontramos con un hombre de negocios español.

"Traduce para nosotros", dijo el desconocido del bar.

Entramos en el edificio, y era un complejo multiuso abandonado con un restaurante y discoteca. Había una piscina en la azotea. Trevor, el desconocido, estaba negociando para comprarlo.

"¿Qué te parece?", me preguntó.

"Si se llenase de gente sería increíble", le respondí.

"¿Lo quieres?", me preguntó. "Tú podrías llevarlo por mí."

'Vaya', pensé, pero en mi corazón sabía que no podía hacerlo. Yo no era capaz de enfrentarme a tanta responsabilidad ya que dependía de grandes cantidades de alcohol y drogas. Trevor me sugirió que pensara en ello, y que le visitase al día siguiente. Él me dio el nombre de un pequeño café donde estaría. Cuando le encontré allí, me presentó a su esposa blanca y a su esposa negra, una en cada brazo. Él me preguntó si necesitaba dinero y metió la mano en una bolsa llena de billetes de distintas divisas. Sacó un fajo y lo arrojó en mis manos. Lo repitió en varias ocasiones. Dependiendo de la moneda, él me daba unos cuantos cientos de libras o casi nada - era blanqueo de dinero.

Trevor se presentaba cuando necesitaba un traductor, que era a menudo. Me acuerdo de aquel tiempo cuando compró una casa en el campo como refugio para sus compadres ingleses después de un 'golpe'. Fue a mediados de verano y yo estaba asfixiándome el coche. Trevor y el otro hombre estaban conversando junto a la piscina. Desde el coche, les indiqué que me gustaría ir a nadar a la piscina. El hombre dijo que sí podía. Me quité toda la ropa y me zambullí. Al sacar la cabeza del agua, me encontré con el cañón de una escopeta apuntándome.

"¡Fuera de mi tierra!"

Sin saberlo, la esposa del hombre también estaba al lado de la piscina, protegida por su marido, yo no le había visto. Se nos ordenó fuera de la tierra y nos dijo que no volviéramos. Puede que sea un buen traductor, pero ¡como criminal, malísimo!

Recuerdo otra vez, sentado en la parte trasera de un coche grande de lujo en dirección a Marbella. La carretera N340 era en ese momento la ruta principal a lo largo de la Costa del Sol. Era una carretera muy transitada y rápida. La Costa del Sol era (y sigue siendo) un destino turístico muy popular para los turistas del Reino Unido. A menudo alquilaban un coche durante las vacaciones, pero no sabían conducir bien a por la izquierda. Esto, junto con las medidas muchas más grandes en las bebidas alcohólicas, causó muchos accidentes y a menudo contribuía a la fama de la carretera N340 por tener el mayor número de accidentes de tráfico y muertes en el conjunto de España. Una consecuencia de esto es que hubo un montón de animales muertos a los lados de la carretera. Por lo general, estaban tan destrozados que no se sabía si se trataba de un perro o un gato o alguna otra cosa.

Mientras miraba distraído por la ventanilla del coche oí una voz que me hablaba. Era tan audible que pensé, al principio, que se trataba de alguien en el coche... "Así terminarás tú, en la cuneta, un desastre sangriento, imposible de identificar". De repente me di cuenta de que nadie sabía nada de mí, ni siquiera mi apellido. Durante unos segundos me hizo reflexionar.

En otra ocasión, estaba en un coche Mercedes y se quedó sin combustible. Me enviaron con un bidón para conseguir gasolina. Regresé y llenamos el depósito. Desafortunadamente, debería de haber sido gasoil. Cada vez tenía más claro que yo no estaba hecho para este tipo de vida. Después de este incidente, que les costó un montón de dinero solucionarlo, fui perdiendo con ellos.

Pronto volví a las andadas, mendigando por los bares a los que todavía me permitían entrar. En uno de ellos, desesperado por tomar una copa, me senté esperando pacientemente a que el barman sintiera compasión por mi lamentable estado. De repente, apareció una copa delante de mí, el camarero puso una pajita en ella ya que no podía coordinar mis movimientos motrices simples para llevar la copa a mi boca sin derramar la mayor parte de su contenido. Me lo tragué y apareció otro. Rápidamente, me lo tomé. Le pregunté de donde venían las bebidas y el camarero señaló a una alegre inglesa de mediana edad. Me acerqué a hablar con ella y ella me compró un par de copas más.

Resultó que ella estaba sola y buscaba compañía. Pasamos unos días juntos. Tardé poco tiempo en enterarme de que su marido, un psicópata convicto del Este de Londres, acababa de ser liberado de prisión después de quince años por homicidio y venía a España para encontrarnos y matarnos. Yo estaba preparado para hacerle frente, pero Margarita, su esposa, sacó un poco de dinero, como una zanahoria, delante de mí y cogimos un autobús y por una carretera de montaña nos dirigimos hacia Mijas, un pequeño y pintoresco pueblo blanco con burros en las calles. En poco tiempo el dinero se acabó y empecé a pasar el 'mono'. Cualquier lugar en el que posara mi cabeza durante más de unos segundos hacía que sufriera alucinaciones grotescas y espantosas. Empecé a vomitar violentamente y perdí el control de las funciones corporales. Estaba en un estado terrible. Margarita se asustó y me dijo que tenía que buscar ayuda. Pero, ¿dónde? No conocía a nadie en Mijas y no tenía la fuerza para estafar o planear algo. ¿Qué podíamos hacer?

Nos alojábamos en una pequeña 'pensión', un hotel familiar, y golpeé la puerta de la habitación de al lado. Una mujer con un acento americano respondió y le pedí ayuda. Ella dijo que su pastor podría ayudarme, mi corazón se encogió; '¡Cristianos!', pensé. Lo había intentado antes y fracasé. Cada vez que alguien mencionaba la Iglesia o a Jesús me recordaba que yo era un fracasado. ¿Cómo podría yo pedir ayuda a Dios?

"Quiero que conozcas a alguien"

En este momento Margarita estaba desesperada, así que fui arrastrándome a la iglesia de la vecina. El pastor abrió la puerta, dijo que no podía ayudarnos y nos cerró la puerta en las narices. Pensé que esto era la confirmación de que Dios no me iba a ayudar... Sin embargo, sin saberlo yo, apenas unas horas antes, el mismo pastor, Roy, había sido estafado por algunos vagabundos escandinavos. Cuando vio mi forma de vestir (y como olía) debió haber pensado, 'Otra vez no.' Sin embargo, en nuestro camino a la puerta de la iglesia pasamos cerca de las ventanas del santuario, donde una reunión de oración estaba teniendo lugar. Dios había hablado con el grupo para orar por nosotros y dijo que un milagro se llevaría a cabo el domingo.

Sin saber lo que estaba pasando, nos fuimos a nuestra habitación donde la situación empeoró. Yo sufría de DT (delirium tremens), los graves efectosde la abstinencia de las drogas y del alcohol. Yo estaba, literalmente, subiéndome por las paredes. Margarita ya no podía más; ella me llevó a la iglesia al día siguiente. Me tropezaba y me caía, tosía sangre, tenía temblores, sudaba y estaba lleno de ansiedad. Brenda, la esposa del pastor, abrió la puerta.

Ella había sido parte del grupo de oración de la noche anterior. Muy amable y llena de bondad, habló con Margarita, que no había comido durante días, ya que comer no estaba en mi agenda y el dinero estaba calculado para el alcohol no la comida. Brenda le dio algo de comer y se la llevó a su casa.

Ella me dijo que si volvía mañana, habría alguien allí que me podría ayudar. Todo lo que quería era unas cuantas pesetas (ahora euros) para un poco de vino y para el billete de autobús de regreso a la costa. El día siguiente fue terrible. Por encima de todo, había perdido la movilidad en las piernas y, como pronto descubriría, ¡el habla también! Me arrastré ese día hasta el edificio de la iglesia, motivado por la posibilidad de poder comprar una botella de vino. Era la tercera vez y el tercer día de ir a esta iglesia en busca de ayuda. Era domingo, pero yo no lo sabía. Había gente alrededor y yo sólo quería esconderme... Me dirigí hacia el santuario. Una dulce pequeña mujer de pelo gris, me dio la bienvenida más grande y acogedora que jamás podría imaginar. Había cientos de personas en el interior, por lo que rápidamente encontré un rincón en el que hice mi mejor esfuerzo para pasar desapercibido.

El culto comenzó y la gente empezó a cantar en un idioma que yo nunca había oído antes. Sonaba puro y limpio como el de los ángeles. Su belleza magnificaba mi Fealdad y me sentí corrompido. Empecé a llorar '¡Ayuda!'. Los chicos de Glasgow no lloran. No podía parar de llorar, pero extrañamente, cuanto más lloraba, más limpio me sentía y más profundamente sentía esta sensación. Al cabo de un rato había un charco de lágrimas en el cual podría remojar mis pies.

De repente me encontré en frente de toda la congregación. No recuerdo el sermón o las canciones. Estaba de pie frente a frente con el pastor de una iglesia hermana. Él me preguntó "¿Qué quiere que Jesús haga por ti?" Esta era la misma voz que había oído en la N340, con referencia a los animales muertos. Lo que escuché fue una voz cariñosa, preocupada, me preguntó: "¿Qué quieres que haga por ti?" Una palabra vino a mi mente, "¡Todo!" Sin embargo, no podía decirlo. Parecía mudo. Traté desesperadamente de sacar mi voz, mi cara se puso morada intentando hacerlo. Finalmente, salió la palabra y me caí al suelo boca abajo. Pensé que me había desmayado, como había hecho muchas veces antes, pero yo estaba plenamente consciente de lo que estaba sucediendo a mi alrededor.

71

Se escuchaban muchos pies que se acercaban hacia mí. Normalmente, esto me hubiera llenado de temores, ansiedad y paranoia, sin embargo, yo tenía un sentimiento de paz. La congregación se acercó a mí, me empezaron a tocar, poniendo sus manos sobre mí. Me di cuenta que sentía la seguridad de su cercanía y ya no sudaba ni me sentía enfermo. Abrí los ojos y, ya que estaba boca abajo, pude ver la parte de atrás de mi mano. ¡Qué bonita! Pude ver todos los pelitos, los poros y las pecas y no cambió en algo horrible o grotesco, no había alucinaciones. Con valentía y seguridad, miré a la multitud. Estaban sonriendo y, al entrar el sol por las vidrieras de colores, envió ráfagas de colores ricos que llenaron a todos los que estaban ahí presentes. Color real, no imaginario o inducido por las drogas.

Yo era consciente de que cada vez era más fuerte con cada respiración. Cada inhalación parecía como si estuviera respirando pura energía. Puse mis manos en el suelo para levantarme. Mis brazos estaban fuertes, no como la gelatina. Mientras estaba en cuclillas, sentí la inundación de poder en mis piernas. Con confianza comencé a ponerme de pie. ¡Oh! ¡La alegría que me llenó de Felicidad! Un metro, dos metros, tres metros de altura - me sentía como Superman. Era el 5 de noviembre 1989 y, por fin, dieciocho años después de conocer a Jesucristo y Dios el Padre, ahora conocí al Espíritu Santo.

Mi vida nunca más sería la misma. Claro, Brenda me pidió que volviera para conocer a alguien, pero estoy seguro que ni ella jamás hubiera podido imaginar con quién me iba a encontrar. El milagro que fue proFetizado tres días antes había tenido lugar. Más tarde ese mismo día conocí a la persona con la que Brenda había quedado para que la conociera, June, y ella me llevó a su casa a cenar el domingo con ella y su familia. ¡Estaba muerto de hambre! Me comí todo e incluso repetí.

June era inglesa. Ella había vivido en España durante más de veinte años, y estaba casada con un español llamado Miguel. Tenía un buen trabajo en el mejor hotel de Mijas y era muy respetada por todos. Ella me presentó a un extranjero que iba a volver a su tierra natal durante un mes, y necesitaba a alguien que cuidase de a la casa, durante ese mes. Conseguí el trabajo.

Alojándome en un apartamento de la planta baja de su extenso chalé español, todo lo que tenía que hacer era algo de mantenimiento básico, encender y apagar las luces y recoger las hojas de la piscina. ¡Mi vida cambió totalmente! La casa estaba literalmente a la sombra de la iglesia. Todos los días, yo era la primera persona en llegar a la iglesia y el último en salir. Necesitaba entender lo que me había sucedido. Incluso me uní al coro de la iglesia. En poco tiempo, Dios comenzó a hablarme a través de la Biblia. Él me llevó a 2 Corintios 5:17: De modo que si alguno está en Cristo, nueva criatura es; las cosas viejas pasaron; he aquí todas son hechas nuevas. Estas palabras fueron directamente a mi espíritu. Esto es lo que me había pasado. Era una persona totalmente nueva - el viejo yo, se había ido.

"Mantén la Puerta abierta"

Al mes siguiente me encontré cuidando otra casa por otro expatriado. Al tercer mes me ofrecieron la casa de una pareja que la tenían alquilada y ya se marchaban. El alquiler estaba pagado dos semanas por adelantado. Cuando me mudé, me di cuenta de que la casa era demasiado grande para mí. Empecé a caminar de una habitación a otra a orar. En uno de los dormitorios me arrodillé en un lado de la cama con la Biblia abierta delante de mí. Sentía que el Señor me llevó a Mateo 25:35-40:

"Porque tuve hambre, y me disteis de comer; tuve sed, y me disteis de beber; fui forastero, y me recibisteis; estuve desnudo, y me vestisteis; enfermo, y me visitasteis; estuve en la cárcel, y vinisteis a mí." Entonces los justos le responderán diciendo: "Señor, ¿cuándo te vimos hambriento, y te sustentamos, o sediento, y te dimos de beber? ¿Y cuándo te vimos forastero, y te recibimos, o desnudo, y te vestimos? ¿O cuándo te vimos enfermo, o en la cárcel, y fuimos a ti? Y respondiendo el Rey, les dirá: De cierto os digo que en cuando lo hicisteis a uno de estos mis hermanos más pequeños, a mi lo hicisteis."

Una vez más sabía que Dios estaba hablándome. Después oí una voz familiar diciendo: "He estado haciendo esto para ti desde hace años. Ahora es el momento de que tú lo hagas por los demás".

"Pero, ¿cómo Señor?"

"Sólo mantén la puerta abierta y yo haré el resto".

En ese mismo momento oí un golpe en la puerta... Un chico francés estaba allí con los ojos abiertos y desconcertado.

"No sé quién es usted, usted no sabe quién soy, pero ¿me puede ayudar?"

Era como verme a mí mismo unas semanas antes.

"¡Claro, adelante!", exclamé. Esto dio inicio a un fluir multinacional de hombres que pasaron por la casa durante los diez meses siguientes. Podríamos tener de diez a doce personas para comer a cualquier hora de la comida y hasta quince podrían quedarse en la casa. Algunas personas venían a comer, unos durante un mes y otros por unos meses.

La mayoría de los días, la gente nos donaba alimentos o ropa. Pronto tuvimos dos armarios llenos de ropa. Cada vez que alguien nuevo llegaba, podían ducharse o bañarse con artículos de higiene personal donados y, con una toalla envuelta alrededor de su cintura, ir al armario y escoger dos conjuntos de ropa limpia. Por lo general, ¡teníamos que quemar la ropa con la que llegaban! Como yo todavía estaba asistía a la iglesia cada vez que tenía oportunidad, muchos de los hombres vinieron conmigo. Casi todos entregaron su vida a Jesús, se convirtieron en cristianos, y eran sanados.

Brenda tenía un ministerio de liberación. Al parecer, ella tenía el don del discernimiento, ya que la gente de todas partes acudía a ella para ser 'liberados de la opresión demoníaca'. Cuando yo comencé a asistir a la iglesia, pasé por algunas sesiones de liberación con Brenda. Si alguien necesitaba ser liberado de lo malo ¡ese era yo! Sin embargo, al pasar el tiempo, empecé a notar que las mismas personas volvían semana tras semana y mes tras mes.

A veces, Brenda me pedía que me sentase en una de sus 'sesiones'. Ya fuera para aprender, observar, ayudar, no lo tenía muy claro. Vería esas mismas personas ir a través de varios numeritos una y otra vez, gritando, retorciéndose, vomitando en un cubo y mucho más. Descubrí que algunas de estas personas habían venido a ver a Brenda durante años. Empecé a pensar, '¿seguro que aún tenían que ser 'liberados'? Pronto se hizo evidente que algunos de ellos necesitaban ser liberados de la 'liberación' más que de cualquier opresión demoníaca. Disfrutaban la actuación y la atención.

Con el tiempo, llegué a comprender que cuando una persona está profundamente salva en la cruz de Jesucristo y que entrega su vida por completo a Él, a partir de ese momento en adelante, es puesto en libertad. La Biblia, en el libro de Gálatas 5:1, 2 "Estad, pues, firmes en la libertad con que Cristo nos hizo libres". A menudo, la 'libertad' se centra en la cuestión de que si la persona se salvó o no profundamente y si se entregó completamente al Señor Jesucristo o no. Sé que sin la entrega total a Jesucristo como Señor, no puede haber libertad absoluta.

Después de un par de meses dirigiendo la casa y haciendo trabajos ocasionales para pagar el alquiler, llegó la noticia de que un 'psicópata' de Londres había venido al pueblo para buscarme. Cuando oí esto corrí hacia los ancianos de la iglesia a pedir su consejo.

"Vamos a orar" dijeron con calma. Muy pronto tuvieron la respuesta.

"¡Tienes que ir y hablar con él!

"¿Cómo? ¡Este hombre me quería matar!" Sin embargo, obedecí, me armé de valor y fui a verlo. Milagrosamente, a los pocos minutos, estaba dándose una palmada en el muslo y riéndose a carcajadas. Era como si hubiéramos sido amigos. Luego me conFesó que tenía un problema. Cuando llegó a España la primera vez dio la vuelta a todos mis viejos refugios y decía "¿Dónde está este tipo escocés, Peter? Voy a matarlo." Como yo ya había desaparecido de la escena, la gente que me conocía empezó a pensar que él había cumplido sus amenazas. Pronto la policía se involucró y fue deportado de España ¡por sospecha de asesinato!

Decidido a matarme, se las arregló para conseguir algunos documentos falsificados y ahora estaba de vuelta en España ilegalmente. "¿Qué voy a hacer?", me preguntó. Antes de que tuviera tiempo para pensar, el Señor me llenó la boca con estas palabras: "Ven y quédate en mi casa." Lo hizo y, al igual que los demás, empezó a venir conmigo a la iglesia. Al cabo de una semana entregó su vida a Jesús y comenzó su nueva vida como cristiano. Él tenía un cajón lleno de medicamentos recetados que tenía que tomar, las drogas para el dolor, la epilepsia y pastillas para dormir. Él vino a mí diciendo que había sido sanado, y ya no los necesitaba. Juntos los arrojamos todos por el inodoro. Archie, mi 'asesino', se reconcilió con su esposa y ambos regresaron a Londres.

Un domingo después de la iglesia, una pareja de mediana edad me llamó y me preguntaron si yo podía ir a su casa con ellos. Tenían una sorpresa para mí. Me llevaron a su hermosa casa, aparcaron su coche y fueron a abrir la puerta del garaje. Cuando se abrió la puerta, en el medio de la cochera había una Vespa roja brillante de 90cc. Mi corazón se hundió, mi peor pesadilla había vuelto a perseguirme! Traté de disimular mi decepción y les di las gracias efusivamente por su generosidad. Me dieron las llaves y la conduje a la parte superior de su calle empinada, me detuve en la cima de la colina, suavemente solté el embrague y Vroom... la moto salió disparada hacia adelante y yo me quedé de pie, como un vaquero sin caballo. Recogiendo la moto, volví a ver a la pareja, les expliqué mi historia, les devolví las llaves y les dije: "gracias, pero no, gracias."

En este tiempo, mis pensamientos se dirigían a mi familia en Escocia. Ellos no tenían ni idea de lo que me había sucedido y, a juzgar por la forma en que estaba la última vez que me vieron, incluso pudieron haber pensado que estaba muerto. Pensé en cómo podría ponerme en contacto con ellos y explicar bien lo que me había sucedido. Una carta no sería suficiente, ni siquiera una cinta de casete. Entonces se me ocurrió hacer un video. Una pareja en la iglesia tenían una cámara de video de buena calidad, así que decidí simplemente hacer un video sobre un fin de semana típico de mi vida. Lo hice y se lo envié. Técnicamente estaba lleno de defectos, pero en el video se veían mis buenas intenciones. Aparentemente, cuando lo recibió, mi madre, que pensaba que estaba muerto, vio la cinta de video VHS con tanta frecuencia que casi lo quema.

Al cabo de mucho tiempo vi la cinta original, y me reí tanto que casi me caigo del sofá. A pesar de que era divertido y me retrataba como un mal actor, sin embargo, ofrecía una visión fascinante de mi vida en ese momento. Yo no podía creer lo delgado y demacrado que estaba. Al final de la cinta hay una sección con mi bautismo en la iglesia hermana de Roy y Brenda, construido por Daniel del Vecchio, en Torremolinos. A propósito quise ser bautizado en Torremolinos para meter al diablo un dedo en el ojo por las cosas malas que me habían pasado cuando yo vivía allí.

Algunas mañanas, cuando abríamos la puerta de nuestra casa en Mijas, bolsas de alimentos o productos de granja que se amontonaban en la puerta caían en la casa. En una ocasión, hubo una caja de coles rojas. Dando las gracias a Dios por su provisión, comencé a prepararlas para la olla. Las añadí a la comida que era una base de tomate y, una vez listo, tuvimos una sabrosa comida. Pero el tinte había salido de las coles, y había creado una extraña mezcla de salsa negra. ¡Todos teníamos los labios y las encías negras para cuando terminamos de comer! Nos reímos mucho de la pinta que teníamos.

Conforme pasaba el tiempo, nos sentíamos más cómodos siguiendo el camino de Dios. Podíamos estimar cuántas personas iban a comer ese día según la cantidad de alimento que Dios proveyó en la olla. "¿A cuántos creen ustedes que esto va a alimentar?" les pregunté a los demás. "Diez", estaban de acuerdo.

"¿Cuántos cubiertos hay en la mesa?"

"Ocho", respondieron.

"Mejor poner dos cubiertos más". Efectivamente, antes de comer, dos personas más con hambre llegaron.

Temprano una mañana, mientras leía mi Biblia y oraba, el Espíritu de Dios vino sobre mí y empecé a ver una imagen, como una película, en mi mente. Pude ver un lugar que me encantaba cuando era joven, un 'lugar secreto' en el cual conseguía esconderme cuando quería estar lejos de todo el mundo. Era un afluente del río Avon cerca de Strathaven. Una cascada se chocaba en el río de espuma a medida que fluía en una charca profunda. Árboles estiraban sus ramas y acariciaban sus hojas en el agua. En todas las estaciones, éste sitio era un lugar mágico, lleno de misterio y belleza.

En la visión, el sol brillaba alto en el cielo por encima de los árboles. Los rayos de luz pasaban a través de las sombras, como focos, iluminando a los insectos voladores. Uno de esos rayos destacó una figura, vestida toda de blanco, metida hasta las caderas en la charca. El contraste de su vestido blanco con la oscuridad a su alrededor lo hacía brillar como si él mismo fuera la luz. La cascada detrás de él, mucho mayor de lo que recuerdo, estaba envuelta en un fino rocío que reflejaba la luz y la transformaba en un magnífico arco iris, etéreo como el aliento de varios colores que eran demasiado delicados para ser capturados.

Esta figura resplandeciente me hizo señas para ir hacia ella. Me metí en el agua y, cuando me acerqué, la figura rozó su mano por encima de la superficie del río, enviando las salpicaduras de agua por todas partes. Yo estaba sorprendido y, por instinto, salpiqué a la figura. Inmediatamente, nuestras salpicaduras se convirtieron en una pelea de agua. Los dos estábamos riéndonos y empapados. Tuvimos un tiempo maravilloso, ¡qué Felicidad y qué júbilo! Ahora estábamos a poca distancia del uno al otro y mi hermoso amigo juntó sus manos y tomó un poco de agua. La levantó por encima de mi cabeza y la derramó por encima de mí.

El agua era de color ámbar y era más espesa que el agua, más como el aceite. Pude ver el líquido correr por sus brazos, deslizándose poco a poco por sus codos mientras volvía a caer en el lago. Él continuaba cogiendo este líquido dorado y vertiéndolo sobre mi cabeza y, mientras lo hacía, mi corazón latía con fuerza, como si fuera a estallar. Miré directamente a sus ojos y sonrió y me di cuenta que me amaba. Yo estaba tan agradecido. Me perdía en el momento y de pronto desapareció. Me encontré de vuelta en mi habitación en mi casa en Mijas. Creo que la figura fue Jesús, y la intimidad que compartimos permanecerá conmigo para siempre.

Pasados los meses, nuestra casa se convirtió en un hogar y, en esa parte del sur de España, es tradición tener canarios en jaulas, colocados en los balcones de los hogares españoles y cantar todo el día en al sol. Los chicos y yo que estábamos en la casa en ese momento, comenzamos a orar para que Dios nos diera un canario. Oramos semana tras semana, pero no había canario. Entonces nos dimos cuenta, ¿Cómo va a ser posible de que Dios nos dé un canario, si no tenemos dónde guardarlo?

Durante esta etapa teníamos un visitante en la casa, un turista inglés que quería quedarse por una semana. Había alquilado un coche y quería llevarnos a hacer algo de turismo. Un día nos fuimos a un pueblo donde estaban haciendo unas obras. Él aparcó el coche detrás de unos contenedores y, ya que estábamos pasando ahí, en la parte superior de los escombros había una jaula de canarios desechada. La llevamos a la casa, la arreglamos, la limpiamos y la colgamos a la pared con la puerta abierta. Seguimos orando por un canario. Un día de primavera, uno de los muchachos estaba subiendo la empinada cuesta de Fuengirola a Mijas. Es una subida fuerte y tenía la cabeza hacia abajo con su cuerpo inclinado hacia la pendiente. Había estado lloviendo y vio de refilón algo salpicando en un charco. Se inclinó y vio a un pequeño pájaro sin plumas ahogándose en el agua poco profunda. Para salvarle, lo recogió y lo guardó cuidadosamente en el interior de su chaqueta.

Cuando llegó a la casa, nos dijo lo que había sucedido y todos comenzaron a dar gracias a Dios por contestar nuestras oraciones dándonos un canario. Sin embargo, esta pequeña ave no tenía plumas y no sabíamos qué tipo de pájaro era. Cuidadosamente lo pusimos en la esquina de la jaula y empezamos a cuidar de ella. Poco a poco, día tras día, pequeñas plumas comenzaron a crecer en su pequeño cuerpo. Eran de color amarillo brillante, efectivamente, era nuestro canario milagroso.

En otra ocasión, estábamos todos sentados alrededor de la mesa, pero esta vez no había comida. Sólo había los cubiertos y los vasos, las jarras de agua estaban en el centro, todo estaba en su lugar, pero no los alimentos. Empecé a bendecir la mesa, dando gracias a Dios por proveernos siempre. Entonces, como era nuestra costumbre, la persona a mi lado empezó a dar gracias a Dios en su propia lengua también. Fuimos girando alrededor de la mesa, alemán, francés, español y después, volvió a mí. Empecé de nuevo con aún más fuerza. Hubo algunas miradas extrañas como dardos alrededor de la mesa y mucho revuelo. El timbre sonó y todo el mundo se levantó para responder. Allí, de pie en la puerta, había dos camareros franceses, vestidos con esmoquin y pajarita que sostenían enormes platos de plata con comida francesa de 'cordón bleu'. Les invité a entrar, los demás corrieron de nuevo a la mesa y los camareros nos sirvieron una de las mejores comidas que habíamos comido jamás. Dios es fiel.

Un muchacho francés que había vivido con nosotros había encontrado un trabajo en un restaurante francés en otro pueblo. En esta noche en particular, hubo un error con una comanda. Él los pilló a punto de tirar la comida a la basura y les habló de unas personas en Mijas que él sabía que podía aprovecharla y ¡voilá! ... Otro milagro. De dios.

La Caída

Durante este tiempo me ofrecieron trabajo de profesor de inglés a los directores de sucursales bancarias a lo largo de la Costa del Sol. A medida que el trabajo avanzaba, y crecía la confianza que tenían en mí, me dieron las llaves de la puerta principal para que yo pudiera entrar y preparar la clase antes de que volvieran para su clase por la tarde. ¿A que es increíble? Si hubieran sabido de yo hasta hace poco, estaba negociando con ladrones de bancos para comprar casas 'para relajarse' en las sierras que se podían ver desde las ventanas de sus oficinas. Sin embargo, este era otro ejemplo del increíble poder de transformación de la gracia de Dios.

En este periodo de ocho meses, parecía que volaba como las águilas, sobre todo cuando tuve una oferta de trabajo en una escuela de idiomas en Marbella. Teníamos que generar algún ingreso para la casa y me pareció una buena idea. La iglesia de Mijas estaba buscando un lugar en donde abrir una iglesia en Marbella y yo me estaba preparando para, eventualmente, convertirme en el pastor de la nueva iglesia, este trabajo de media jornada me daría la oportunidad de conocer Marbella y su gente.

Gracias a la abundancia de provisiones para la casa en Mijas, pensé que sería bueno coger unos bocadillos para la gente de la calle y para los sin techo que merodeaban mendigando en Marbella. El problema era que esta era mi idea 'no santificada', en vez de una idea inspirada por Dios, y me llevó al desastre. He aprendido, con el tiempo, a hacer sólo lo que Dios me dice.

Me hice amigo de una pareja que estaban durmiendo en un coche, los dos eran adictos a la heroína. Yo tenía unos amigos encantadores (Cyril y Brenda), que habían abierto recientemente un centro de rehabilitación de drogas en una casa, en la zona de Málaga. Hasta ese momento nunca habían tenido a nadie que se alojase allí, así que estaban encantados con mi sugerencia de que Juan y Daniela deberían ir allí. Juan sólo duró un par de noches y rápidamente volvió de nuevo a las calles, durmiendo en su coche en Marbella. Daniela duró más tiempo y, finalmente, consiguió salir de su adicción.

Después de diez meses desde que abrí por primera vez la puerta de la casa de Mijas, sentía que ya era hora de pasar las llaves a algunos de los chicos que estaban allí desde el principio. Estaba muy ocupado en Marbella así que, lógicamente, alquilé un piso para recortar el tiempo de viaje y gasolina. Encontré a Juan durmiendo en su coche y le invité a que se quedara en mi piso. Me pilló totalmente desprevenido lo que sucedió después de tomar esta decisión. Como si un camión de dieciocho ruedas hubiera salido de una calle y me hubiera golpeado. Sin ningún tipo de premeditación y sin pensármelo, terminé tomando drogas con Juan. Estaba destrozado. ¿Cómo pudo haber sucedido esto?

1 Corintios 10:12 dice: 'Así que, el que piensa estar firme, mire que no caiga'. ¡Y vaya sí caí! Me encontré en el centro de Málaga junto con Juan (que tenía SIDA) vendiendo nuestra sangre a los bancos de sangre. Ya que, Juan estaba registrado como drogadicto, tuvimos que ir a un médico en Málaga y creamos un plan para estafarle para que nos diera los medicamentos más fuertes que había tomado nunca. Lo siguiente que recordaba era cayéndome entre la multitud que intentaban esquivarme, mientras que intentaba mendigar para conseguir dinero para el ticket de tren devuelta a Marbella.

Debo haber llegado allí porque cuando me desperté estaba en la playa. Encontré la forma de volver hacia mi apartamento pero había perdido la llave. Rompí a patadas la puerta y después entré. Estaba confuso y tenía mucho miedo. Necesitaba ayuda urgentemente pero no encontraba el valor de decírselo a nadie que conocía. No podía volver a la escuela de idiomas y tampoco podía volver a la iglesia. Empecé a ir a reuniones de Narcóticos Anónimos y de Alcohólicos Anónimos y conocí a gente allí con la que hice amigos. No tenía trabajo así que, uno de los hombres que atendía estas reuniones me ofreció un trabajo para pintar y decorar su casa y también que hiciese otros pequeños trabajos alrededor del lugar donde vivía. Hice lo que pude aunque no fuera mucho. My cabeza daba vueltas y me era difícil conectar con la realidad. Estaba otra vez viviendo en la zona del crepúsculo.

La juerga duró un día pero tardé varias semanas en recuperarme de ella. El invierno llegaba. Finalmente me dirigía de vuelta por la costa hacia Fuengirola. Sabía que tenía que contactar con Roy y Brenda. Con el tiempo obtuve el valor de llamarles y ellos dijeron que me recogerían con el coche y me llevarían de vuelta a la iglesia. Esperaba, escondiéndome cerca del sitio acordado, pero cuando vi su coche seguía escondido. Esto sucedió dos veces durante los siguientes días hasta que finalmente volví con ellos para subir la cuesta de Mijas.

Rehabilitación

Roy y Brenda hicieron todo lo que pudieron para ayudarme pero yo estaba como alocado. No conocían la persona en la que me había convertido, ni yo mismo me conocía. Estaba fuera de control. Por consiguiente, llamaron a un centro de rehabilitación al otro lado de la montaña de Mijas en un pueblo llamado Alhaurín el Grande. Había una conexión entre la gente de allí y yo, debido al trabajo que hice en la casa de Mijas y también debido a mi relación con la iglesia del mismo pueblo.

Cuando supe que iba a ir allí, fui a una farmacia local y compré algunas pastillas para dormir. Calculé cuantas necesitaría para dormir durante tres días porque pensaba que para entonces mi cuerpo habría pasado la peor parte de la desintoxicación física. Me pusieron en una cama en un cuarto que parecía un barracón y me tomaba esas pastillas cada vez que me despertaba durante esos tres días hasta que se agotaron.

Me despertaron al cuarto día, me dieron un hacha y me asignaron cortar madera para el fuego. Cuando me levanté tenía tantos temblores que fue un milagro de no haberme cortado una pierna. Era el invierno de 1990.

Continué en rehabilitación durante los siguientes tres años y medio. Ese probablemente fue el tiempo que hubiera tenido que pasar en prisión si no hubiese sido por el PF (Procurador Fiscal) dejándome libre.

Durante este tiempo, en la primera fase de rehabilitación en Alhaurín el Grande, gané la confianza de los lideres para salir como el 'chico de la camioneta' para recolectar la comida que nos donaban. Uno de los encargados conducía y yo iba para ayudarle cargar la mercancía. La mayor fuente de ingresos del centro era la venta de cerdos. Era una granja de cerdos y la mayor cantidad de alimentos que recogíamos era para ellos. No estaba tan mal este trabajillo y con frecuencia, unos de los beneficios de ser asignado a dar de comer a los cerdos, ¡era poder comer las galletas y las tartas que comían ellos!

No éramos muy finos ni cultivados en el centro. Todos eran españoles excepto yo, sin embargo, a causa de mi amor por todo lo español, probablemente, me sentía más español que ellos. No sólo hablaba español todo el tiempo, sino que, también soñaba en español.

Un día, uno de los cerditos murió (probablemente por causas naturales) se decidió que nos lo comeríamos.

Rehabilitación

Ninguno de nosotros éramos carniceros pero había entre nosotros uno o dos que habían usado un cuchillo antes así que se les asignó la tarea de preparar el cerdo. Cuando volví después de un día recogiendo donaciones de comida, y fui al comedor, vi una sábana blanca colocada encima del cerdo diseccionado manchada de sangre. Esto me distrajo tanto que casi no me di cuenta de que los cocineros estaban ofreciendo a alguien la deliciosa y rara oreja del cerdo hasta que la dejaron en el plato del chico que estaba a mi lado... una peluda, oreja rosa.

Apenas pude quitarle la vista de encima a esa oreja repugnante, cogí un trozo de pan para mojar en mi sopa, di un mordisco y ¡crack! 'Oh no, otro de mis dientes se cayó' me dije a mi mismo, y usé mi lengua para buscar el fragmento del diente que permanecía allí... '¿Qué es esto?' pensé mientras sacaba una fila de dientes de mi boca, me di cuenta de que había metido parte de la mandíbula del cerdo en mi boca y, peor aún, me di cuenta de que la sopa que estábamos comiendo estaba hecha de ¡la cabeza entera del cerdo!

Hablando de 'cabezas'... ocasionalmente las personas del centro hablaban del amor de Dios a las personas que tenían problemas en el pueblo. Haciendo esto, hubo un momento en el que se encontraron con un chico que no había salido de su casa en tres años. No sólo eso, sino que nunca salió del cuarto en el que lo encontraron. Nunca visitó el cuarto de baño, simplemente usaba el cuarto en el que estaba para hacer sus necesidades. Aparte de dos o tres visitantes infrecuentes, estaba solo.

Esparcidos a su alrededor habían periódicos sucios, envolturas de alimentos desechados, moscas muertas y un olor fuerte. Estaba sentado en el suelo y había dejado que su pelo cubriera su cara completamente. No podía ver a través de él ni nadie podía verle tampoco. Convencieron a Antonio, el recluso, para que viniera al centro de rehabilitación para buscar ayuda y yo me hice amigo suyo. Durante semanas de conversaciones relajadas y mucho cuidado y amor, Antonio me permitió, finalmente, que le cortase el pelo. Esto le cambió mucho la apariencia pero hacía que Antonio se sintiese vulnerable y expuesto al mundo exterior. No había ningún lugar a donde podía huir; estando alrededor suyo había que tener lo que se debería llamar 'súper sensibilidad'. Un día después de volver de una recogida de comida, descubrí que Antonio se había marchado. En el almuerzo, uno de los chicos nuevos dijo un chiste sobre él y Antonio se tiró sobre él con un tenedor con la intención de clavárselo en el ojo. Fue tranquiliza do pero luego huyó. Nunca más le volví a ver.

Con el paso del tiempo, me permitieron salir a trabajar fuera con lo que el centro conseguía dinero. Uno de los trabajos que tenía y que amaba era hacer túneles de drenaje que conducían agua de los arroyos de las montañas debajo de las carreteras. Esto servía para evitar que las carreteras fueran arrastradas cuando los arroyos se convertían en fuertes corrientes en días de invierno. Estábamos situados a bastante altura en la montaña. Los expertos ponían las tuberías de tres metros, pero nosotros, los trabajadores, teníamos que construir los muros que estaban alrededor de la boca de los tubos cuando salían debajo de la carretera. Algunas veces estos muros eran de quince metros de alto y nueve metros de ancho. Eran como grandes diques de piedras excepto que cada piedra estaba pegada con cemento. Había una sensación de libertad mientras trabajaba tanto que parecía que estaba volando con las águilas y con la compañía de estos hombres trabajadores en el mundo real.

Un día, después del duro trabajo en las montañas, volví al centro y encontré a todo el mundo haciendo un círculo afuera escuchando hablar a alguien que nunca había visto en mi vida.

La Granja

Acababa de unirme al grupo cuando el extraño me empezó a hablar en inglés. Me sorprendió y tuve que pensar en lo que dijo.

"Haz la maleta, tú te vienes conmigo."

"¿A dónde voy?" le pregunté.

"Hacia Antequera, a mi granja. Necesito a alguien que me ayude con la cosecha."

Resultó que este 'extraño' era el mismo Daniel del Vecchio, la persona responsable que empezó el centro de rehabilitación en Alhaurín el Grande y, que más tarde descubrí, también construyó la iglesia en Mijas y Torremolinos y estableció una finca en Antequera donde se estableció REMAR (Rehabilitación de Marginados).

Daniel era un apóstol de origen Italiano/Americano y era albañil. Llegó a Málaga en los años 60 para llamar a las puertas y evangelizar. A través de una serie de oportunidades divinas, le ofrecieron un hotel de cien dormitorios en Torremolinos para usarlo para ayudar a los 'hippies' perdidos en 'el Camino de Michener'; un híbrido hippie de viajes físicos y de fantasía desde Ámsterdam a Marrakech basado en 'The Drifters' por James Michener.

Con el tiempo, Daniel añadió a su visión la finca de Antequera, una enorme granja con más de ciento cincuenta vacas lecheras campeonas por su alto rendimiento y campos de maíz dulce que Daniel transformaba en alimento para las personas, en vez de comida para el ganado, por todo el sur de España. Era conocido como el Rey del Maíz. Antequera estaba justo al lado de la carretera principal, cerca de un tercio del camino hacia Córdoba desde Málaga.

Daniel vino a recogerme de Alhaurín el Grande para llevarme a la segunda etapa de la rehabilitación en Antequera. Allí sus discípulos cristianos tenían que hacer un compromiso de entre ocho o quince años de servicio. En total nunca había más de ocho personas viviendo allí, cinco de ellos estaban haciendo rehabilitación y estaban haciendo el trabajo físico más duro.

El primer trabajo que tenía que hacer era construir un almiar con veintitrés mil alpacas de paja. Era como un rascacielos tumbado hacia un lado. No mucho después de haberlo terminado, con el intenso calor de mediados de verano hizo que el interior se quemara y toda la paja estalló en llamas. Cinco camiones de bomberos vinieron y esparcieron la paja alrededor de los campos cercanos. Estuvo casi dos meses ardiendo.

Sin embargo, las vacas necesitaban paja para el invierno así que otro silo tuvo que ser construido. ¡Esta vez sólo tenía dieciocho mil alpacas de paja! Mientras tanto, a las vacas había que ordeñarlas, limpiarlas y alimentarlas. Se les llevaba hacia un granero para ser ordeñadas cuatro veces al día desde la mañana hasta el atardecer. El ordeño se realizaba con unas instalaciones de ordeño especiales que llevaban la leche directamente hacia una gran cuba refrigerada donde se recogía todos los días por el camión cisterna de leche. La leche era tan cremosa que nos la racionaba una taza por día.

Después de construir el segundo silo, llegó el momento de cosechar el maíz y envasarlo para la venta en el mercado y las tiendas de toda Andalucía. Una vez que el maíz fue recogido, tuvimos que dar vueltas con una guadaña y cortar todos los tallos de dos metros y medio. Una vez fueron recogidos en filas, se introdujeron en una trituradora que los convirtieron en una pulpa que podría llegar a ser como el caviar para las vacas en invierno. Esta pulpa era extendida con el tractor en una zona de ensilaje de tres lados y los cinco tuvimos que caminar con los talones mientras comprimíamos con el peso de nuestro cuerpo donde el tractor no podía llegar. Tuvimos que hacer esto con cada nueva capa de pulpa, dispersando un agente de Fermentación entre las capas. El trabajo se debía terminar de una vez y tardó setenta y dos horas hasta completarlo.

Con el tiempo, aprendí mucho sobre el ritmo de la naturaleza y muchas de las parábolas de Jesús cobraron vida mientras vivía en la granja. Estuve allí durante un año agrícola completo.

Que nadie te diga que las gallinas son tontas. Había un gallinero en la granja con más o menos cien gallinas. Las cuidada un joven discapacitado mental. Daniel decidió que no era rentable cuidarlas así que decidió venderlas. Un día una furgoneta azul vino para llevárselas. Yo observé mientras las perseguían y las acorralaban todas en la furgoneta. Cuando quedaron sólo unas pocas era más difícil cogerlas.

Finalmente, sólo quedaron dos gallinas. Tenían un aspecto lamentable; una arrastraba su ala y la otra cojeaba al tener una pata mal. El comprador no quería molestarse en cogerlos. Tenían un aspecto tan patético que decidió dejarlas. Cerró la puerta trasera de la furgoneta y se marchó. No había salido de la granja todavía cuando las gallinas se sacudieron, estiraron sus cuellos y agitaron sus plumas. No les pasaba nada malo en absoluto. Las vi paseándose por el patio, estoy seguro de que los vi sonriendo...

El trabajo en la granja era extremadamente duro y no era fácil, especialmente al principio. Cuando llegó el momento de abonar los campos, se utilizaba una pasta creada del estiércol de las vacas para arar los campos. Esto se recogió durante un tiempo en el canal de estiércol en el establo de ordeño. Se arrastraba allí con una manguera de alta potencia después de cada ordeño. El tractor tenía un tubo de vacío grande para aspirar la mezcla en un tanque remolcado, pero el tubo no podía aspirarlo todo. Me dieron el trabajo de saltar en la pila de estiércol, con botas de goma hasta el pecho y con un mango largo con una escobilla de goma, empujé el estiércol líquido hacia el tubo.

Una noche, poco tiempo después de venir a la granja, me escabullí por la noche y bajo la oscuridad me hice camino al rincón más alejado del campo y grité hasta que me puse ronco; hasta que el nudo en mi estómago se me quitara.

Daniel era un constructor de casas y de personas. Tenía terreno en Málaga en el cual quería construir una iglesia. Tenía varios garabatos escritos en cachos de papel, frustrado, las tiró al suelo. Un día entró Andy. Él era un chico que había abandonado sus estudios de matemáticas y también, anteriormente, fue unos de los 'marginados' de Torremolinos.

"¿Que estás haciendo, Daniel?", le preguntó.

"Intento diseñar un nuevo santuario para Málaga", respondió Daniel.

"'¡Ya está!" dijo Andy, mientras señalaba al montón de bocetos arrugados desechados en la esquina de la oficina. "Yo podría diseñarlo para ti".

Se pusieron a trabajar y diseñaron un prototipo, un cuarto del tamaño final del que se construyó en la finca. Fue perfecto. Parecía como una pelota de golf gigante con todos los hoyuelos de una forma única, hecha de fibra de vidrio medio-opaco.

Poco después, el tabernáculo fue construido en el terreno que Daniel tenía en Málaga y, con tres naves que conducían a la cúpula que tenía una acústica perFecta, podía albergar a más de dos mil personas. Tan buena era la acústica que el orador en el atril, en el centro de la cúpula, ni siquiera necesita amplificación.

Era el trabajo del Pastor que vivía en la granja con su mujer e hijos vender el maíz. Me eligió a mí para ayudar con la carga y el transporte de la mercancía. Vi lo que hacía y como lo hacía. No era fácil convencer a los gerentes de las tiendas a que se llevaran unas cuantas bandejas para probarlo. Supongo que debe haber sido un escenario similar al tratar de promover los alimentos orgánicos, cuando se presentaron por primera vez en el supermercado.

Después de varias semanas, el Pastor Marco y su familia se fueron de vacaciones, dejándome a mí para abastecer de las mazorcas de maíz a los clientes existentes y tratar, si podía, de conseguir nuevos clientes. Dios estaba conmigo y me fue muy bien, ya que traje un ingreso considerable durante el tiempo en el que el pastor no estaba. Pensé que se sentiría complacido conmigo cuando volviese, pero, en cambio, se puso furioso. Todavía hoy en día no sé por qué. Esa noche, frustrado y enojado, robé una de las furgonetas de la finca y me dirigí a Córdoba. Fui directamente a la casa de Inma.

Engaño

Me quedé sorprendido. Desde la última vez que la vi, Inma había dado su vida a Jesús y se convirtió en cristiana. Yo me sentí muy Feliz por ella, pero esto significaba que no podía quedarme con ella. Habló con su pastor, Esteban, que me encontró un lugar en el cual podía quedarme por la noche. Al día siguiente, después de interrogarme sobre lo que me había sucedido, se las arregló para devolver la furgoneta robada. Me siguió de vuelta a Antequera en su coche, me vio devolver las llaves y pedir disculpas y después me llevó de vuelta a Córdoba.

Las cosas no iban bien. De hecho, estaba hecho un lio y el Pastor Esteban lo podía ver. Me recomendó que dejara de ver a Inma, así que ese fue el comienzo del final de mi relación con ella. Terminé en un hospital, en una habitación psiquiátrica bajo vigilancia. Era horrible. Me dieron medicamentos fuertes que no ayudaban para nada. Después de una semana o diez días me dieron de alta con la recomendación de ir a una unidad de alcohólicos en recuperación. Lo hice. Esta vez, estaba llena de hombres alcohólicos crónicos y muchos de ellos estaban muriendo de cirrosis del hígado o de otras enfermedades relacionadas con el alcohol. Me recetaron una medicación que me hizo perder peso rápidamente y también hizo que mis músculos se echaran a perder.

Conocí a mucha gente fascinante allí. Uno de ellos era un ex-legionario, Henri, de los tiempos de cuando La Legión Extranjera era un regimiento de criminales reprobados en fuga de la justicia. Me dijo que cuando se alistó, le dieron dos cuadrados de tela de lino. Estos servían de calcetines y, años más tarde, si querías salir de La Legión, tenías que devolver esos dos cuadrados sin agujeros ni marcas. Eso quería decir que aquellos hombres fuertes tenían que lavarlos y cuidarlos regularmente. Estos criminales duros tenían que aprender a ser responsables. También se les enseñó a comer cualquier cosa. Recuerdo sentándome en su mesa en la caFetería del centro cuando nos dieron chirimoyas. Es una fruta con un interior dulce pero la piel es durísima, como el cuero, y tiene semillas tan duras como piedras con el tamaño de un frijol. Henri se lo comió todo, el interior, el exterior y hasta las semillas, limpió su plato. Nada se desperdiciaba, era un superviviente.

Don Pedro, era quien dirigía el centro, era un hombre respetable y bueno. Hizo un trabajo tremendo. Después de un tiempo, se me permitió entrar y salir a mi antojo.

Engaño

Durante este periodo la justicia me encontró y me reclamó por el altercado que tuve sobre la botella de vino en la costa, cuando tuve que usar una sombrilla como arma. Tuve que comparecer ante el Juicio en Córdoba. Le pedí disculpas al dueño del bar y Don Pedro y otros del centro presentaron buenas reFerencias sobre mí. Milagrosamente, el Juicio fui absuelto.

Cuando estuve en la granja de Daniel empecé a dibujar de nuevo, de modo que la habilidad no la perdí. Animado por un artista, Juan Zivico quien atendía el centro de alcohólicos de Don Pedro, empecé a pintar. Cuando estaba fuera todo el día a menudo visitaba a Juan en su estudio en la ciudad. Fue un artista muy conocido internacionalmente. Juan me ayudó a conseguir trabajo como asistente de cuarto oscuro para los estudiantes de un curso de fotografía dirigido por el ayuntamiento de la ciudad. Tuve la oportunidad de desarrollar e imprimir una serie de fotografías que había sacado de una familia gitana de la que me hice amiga. Mis fotos se convirtieron en parte de una exposición de arte en el centro de Córdoba.

Juan planeó un evento de arte importante en uno de los parques públicos grandes de Córdoba. Implicaba tres grupos de jóvenes a quienes Juan había enseñado, todos simultáneamente pintaban tres cuadros del tamaño de un mural (tres metros y medio por tres metros) en directo. La prensa estaba allí y se reunieron a una gran multitud. Desafortunadamente, todos los artistas sufrieron un ataque de miedo escénico y se quedaron paralizados. Yo entré y, en un frenesí de creatividad, empecé a lanzar pintura encima de esos cuadros. Les di pinceles y pintura a los espectadores que se reunieron y pronto ellos también empezaron a involucrarse, como era planeado desde el principio. Era un evento increíble, sucio y colorido para todos nosotros, incluso para aquellos jóvenes miedosos.

Animado por Juan, pronto conseguí un estudio con aire acondicionado para trabajar, cortesía del Ayuntamiento. Poco después, me presentaron ante algunos alcaldes que empezaron a invitarme a exponer en sus ciudades. Estaba seguro que esto era cosa de Dios. Mi primera exposición tuvo lugar en un pueblo llamado La Victoria y la secuna en La Conquista. Muy pronto siguieron las entrevistas con la radio, la televisión y los periódicos, y me invitaron a exponer en una galería en el centro de Córdoba. Por desgracia, me había engañado a mí mismo. Nada de esto fue cosa de Dios, sino más bien, de mi propia creación; otra serie de 'buenas ideas profanas' y, sin ningún tipo de advertencia, volví a chocarme contra la realidad.

En Casa

A pesar de que estaba tomando Antabuse, un medicamento que causa vómitos violentos y palpitaciones del corazón si se mezcla con el alcohol, decidí ir a tomar una copa en Córdoba. No bebí mucho, sólo unos cuantos vasos de vino pero los síntomas empezaron inmediatamente. Para cuando llegué al centro de alcohólicos de Don Pedro pensé que iba a morir. Enseguida supieron lo que tenían que hacer y una enfermera me inyectó el antídoto.

Después de este episodio, mis días en la clínica estaban contados y yo lo sabía. Encontré un trabajo vendiendo calendarios religiosos puerta a puerta. La empresa nos recogía bastante temprano en el centro de Córdoba y nos llevaban hasta los pueblos y ciudades en los cuales íbamos vendiendo puerta a puerta. Al final del día todos nos reuníamos y nos llevaban a un alojamiento para comer y dormir. Tuvimos que repetir este proceso hasta que vendimos todos los calendarios.

Hice esto durante unos cuantos días y, al mismo tiempo, empecé a beber otra vez. Me compré una botella de vino y me la bebí en el día. No me impedía vender mi mercancía, y al final del día, había vendido un buen número de calendarios. En lugar de reunirme con los otros, decidí quedarme con el dinero y dirigirme hacia Mijas.

Cuando finalmente llegué allí, me encontré con June y la pedí que me ayudara. A lo largo de todo el tiempo, desde que llegué a Mijas por primera vez, June fue de gran ayuda para mí. Me levantaba cuando era incapaz de hacerlo por mí mismo y me daba ánimos. Ella vino a mis exhibiciones en Córdoba. Ella era la manifestación del amor de Dios hacia mí. Sin embargo, incluso para June, mi tiempo en España estaba llegando a su límite. Yo había sobrepasado mi estancia aquí. Yo amaba España y no quise irme de allí pero no podía seguir así. Me quedé durante todo el tiempo que pude en una pequeña habitación sucia que June había encontrado de forma gratuita para mí. Consumía suficiente alcohol para bloquear la realidad y evitaba contacto con la gente de la iglesia. Estaba de vuelta en la zona del crepúsculo y me daba miedo.

June se las arregló para contactar con un nuevo centro de rehabilitación en Inglaterra y consiguió un lugar para mí. Lo único que tenía que hacer era llamarles una vez estaba en el Aeropuerto de Gatwick cuando llegase allí.

Era enero de 1993. Llegué a Gatwick con una botella de whiskey agazapada en mi mano. Conseguí hacer la llamada, y me dormí en la sala de espera. Mike llegó, me dio una sacudida y me dijo que le siguiera a su furgoneta. Me llevó a 'Palabra y Espíritu' en High Wycombe. Me puso en una habitación en un ático y allí me quedé hasta que mis sacudidas cesaron. Por la gracia de Dios, esa fue la última vez en mi vida que tomé alcohol y drogas.

Como puedes imaginar, tardé un poco en ajustarme a la cultura de Inglaterra. Todos los días asistía a un centro de rehabilitación en el centro del pueblo. Había estudios bíblicos y actividades recreativas y un poco de trabajo físico. Día tras día me ajusté más y me hice más fuerte.

Mientras estaba en la 'Palabra y Espíritu' dejé de fumar cigarrillos y no he vuelto a fumar desde entonces. Me sentía muy culpable por fumar. Yo quería estar bien con Dios y sabía que escabulléndome por un cigarro en la iglesia estaba mal. Era como si me mintiera a mí mismo y a los demás. Era consciente de que todo el mundo sabía que fumaba por que podían olerlo. Todo me vino a la cabeza un día y les dije a todos en la casa de rehabilitación que al día siguiente lo iba a dejar.

Les dije a todos que me quedaría encerrado en mi habitación todo el tiempo necesario para vencer al síndrome de abstinencia. Les pedí que me encerraran por la noche. Pensé que los efectosdurarían unos tres días, basado en mis últimas experiencias. Esa noche fumé todo el tabaco que tenía antes de acostarme. A la mañana siguiente me desperté tempranito y animado sin deseo ninguno de liarme un cigarrillo. A medida que avanzaba la mañana no tuve ningunas ansias, así que grité a través de la cerradura que estaba listo para salir de la habitación. Se rieron de mí y me dijeron que no iban a caer en ese viejo truco...

Esta experiencia de dejar de fumar iba a ser, para mí, una lección profunda en mi vida y la más importante para superar cualquier adicción. Me di cuenta de que en mi corazón, la noche anterior, había dejado de fumar. No me quedaba ningún deseo de seguir fumando y, gracias a esa resolución y la determinación total, gané la batalla y me quité de la costumbre. Me tiré todo ese día y la tarde para llegar a convencer a los demás de que abrieran la puerta. La lección que aprendí y que he continuado a usar con adictos durante el curso de mi vida, era muy simple; a menos que la persona quiera de verdad dejar de hacerlo, a menos que no pongan el 100% de su determinación para parar, no conseguirán hacerlo. Si hay una parte pequeña de ellos que quiere continuar con las viejas costumbres, entonces esa fracción se convierte en el 'talón de Aquiles'. Se convierte en el acceso en el cual el enemigo, el espíritu de la adicción, atacará y llegará a destruir la vida de la persona.

Ningún lugar es perfecto y 'Palabra y Espíritu' tenía sus fallos, no sólo eso sino que estaba defraudando al Departamento de la Seguridad Social. Estaban haciendo reclamaciones falsas de los residentes que inconscientemente, firmaban sus giros cuidadosamente doblados para validar la afirmación que estaban hechos a su nombre. Fueron pillados y la dueña Julie y su hija, Grace, fueron a la cárcel. Mike, el yerno de Julie, él que me recogió en el aeropuerto, cayó en la droga y se separó de su mujer, Grace. Un día Mike se volvió loco y la persiguió con una moto sierra. Estaba confuso y loco pero nadie resultó herido. La sentencia del tribunal dictó una orden de alejamiento de su mujer e hija que le prohibió acercarse a menos de ochocientos metros de su hogar o de mantener cualquier contacto con ellas. Mike se suicidó.

A veces llegaba gente al centro por recomendación de su médico. Billy, un escocés viviendo en Norfolk, era uno de ellos. Tenía problemas con el alcohol. Mientras estaba en 'Palabra y Espíritu' nos llevamos bien. Cuando se marchó esperábamos poder mantenernos en contacto. Al mismo tiempo de reponerme físicamente, también crecía espiritualmente. Leía la Biblia regularmente y mi mente se renovaba. A pesar de las circunstancias injustas empecé a caminar de nuevo con Dios. Un día se anunció que todos nosotros íbamos a un campamento de verano cristiano a finales de julio. Pregunté más y descubrí que se llamaba el 'Campamento de la Fe' y fue encabezado por un hombre llamado Colin Urquhart. Yo sabía un poco acerca de él de los libros que leí la primera vez que asistía a la Iglesia de Mijas. Me entraban ganas de ir.

Decidí, y lo dejé claro, que después del 'Campamento de la Fe' no iba a volver a High Wycombe con los demás. Dios me había hablado a través de la Biblia y me dijo: 'Bastante tiempo habéis rodeado estos montes; dirigíos hacia el norte.' (Deuteronomio 2:3). Sabía que Dios me estaba enviando de vuelta a Escocia, pero no estaba preparado, todavía no. No tenía ni idea de lo que me iba a suceder después del 'Campamento de la Fe' pero estaba seguro de que Dios si lo sabía.

Campamento de la Fe

El 'Campamento de la Fe' fue increíble. El principal orador de ese año fue Ulf Ekman y aprendí mucho de él, pero era la adoración lo que realmente me dejó alucinado. Nunca había escuchado algo parecido. Cada noche, literalmente tocaba el cielo. Estaba atrapado en el Espíritu y tuve visiones de ángeles y de Jesús. No conseguía llenarme y quería más.

Pregunté por ahí y descubrí que el 'Campamento de la Fe' fue creado por el Kingdom Faith Ministries y su base estaba en un lugar en Roffey en el Oeste de Sussex, donde tenían un Instituto Bíblico. Estaban entrevistando a la gente que quería ir al instituto en el campamento. Con nervios, fui para que me hicieran una entrevista con el Director y Profeta, Brian Spence. Era la entrevista más rara que jamás haya tenido.

Se sentó de lado en una silla de espaldas a mí. Moví mi silla para mirarlo a los ojos y movió su silla a su posición de nuevo. 'Pues, vale', pensé. Se quedó mirando hacia el frente y tosió en silencio mientras se rascaba la barba.

"¿Así que piensas que deberías ir al Instituto Bíblico?" dijo él. "¿Te ha dicho el Señor que fueras?"

"Sí, yo creo que sí", contesté a las dos preguntas. Se arañó y tosió en voz baja...

"Está bien, creo que deberías ir. ¿Tienes el dinero?", me preguntó.

"No"

"¿Crees que lo tendrás antes del final del curso?"

"Sí"

"OK. Paga antes de que termines."

Y eso fue todo. Me aceptaron provisionalmente para estudiar en el Instituto Bíblico Kingdom Faith.

Yo ayuné y oré el resto de la semana y me aseguré de asistir a tantas reuniones como fuera posible, especialmente las de adoración. Uno de los seminarios de la tarde fue dirigida por una mujer croata llamada Gordana Toplak. Apareció en el Kingdom Faith hacía sólo unas semanas. Ella se graduó en el Instituto Bíblico de Ulf Ekman, donde estudió en la Escuela de la Oración bajo la tutela de Mary Alice Isleib. Lo que aprendí allí influyó radicalmente en mi vida de oración para siempre. De hecho, fue allí donde aprendí lo que es la oración y cómo orar.

La semana fue llegando a su fin y yo estaba drogado, drogado en un nivel espiritual como nunca antes me había sentido. Estaba cambiado, impactado por la experiencia de la verdadera adoración y la oración Ferviente. No había pensado en mi próxima acción cuando de repente, llegó la mañana del sábado y era el momento de hacer las maletas e irme. Pedí que me dejaran en la estación de tren de Peterborough (Campamento de la Fe se llevaba a cabo en el este de Inglaterra en el recinto Ferial cerca de Peterborough) y yo estaba considerando la posibilidad de dirigirme de vuelta a Escocia.

Mientras hacia las maletas, me llamó la atención una multitud de niños sonrientes. Corrían detrás de un vehículo lento que iba conduciendo alrededor del camping. Miré más de cerca, y me eché a reír también, cuando vi que los limpiaparabrisas habían sido extraídos del parabrisas. Un guante había sido colocado en el extremo de cada uno y los limpiaparabrisas estaban puestos de modo que parecieran un par de manos saludando desde el capó del coche. Cuando fui a inspeccionar más, vi que era mi amigo escocés Billy de Norfolk, quien me estaba buscando. El Señor le había hablado de ir al Campamento de la Fe a buscarme y llevarme a su casa a vivir con él y su familia.

Instituto Bíblico

Llegamos a Horsey bordeando la hermosa Horsey Mere, una parte de Norfolk Broads que se hizo famosa por su molino de viento que se utilizaba para enviar señales codificadas a los contrabandistas cuando la guardia costera estaba cerca. Me quedé sorprendido por lo pequeña que era la aldea (cuatro casas y una cabina telefónica), pero yo estaba igualmente cautivado por la paz, la tranquilidad y hermosura de toda la zona. Tenía debilidad por las playas donde los ángeles habían asistido, a veces para mi sorpresa, en la Costa del Sol.

No sólo era una aldea pequeña en la cual vivía Billy, sino que, su casa también era pequeña y lo parecía aún más con sus cinco hijos, esposa y su madre, vivían todos allí. Yo también iba a añadirme a la mezcla. ¿Apretado? ¡Por supuesto!

Billy tenía un negocio limpiando cristales pero perdió su carnet de conducir a causa de infracciones de tráfico bajo los efectos del alcohol. No podía trabajar (legalmente) y desesperadamente necesitaba un conductor. Empecé a llevarle por los alrededores y pronto empecé a familiarizarme con el entorno y los clientes. Al poco tiempo ya no sólo era capaz de llevarle a los sitios sino que también le ayudaba a limpiar las ventanas. Conseguimos ser buenos en esta tarea, formamos un equipo formidable. Conseguimos terminar el trabajo rápido y eso nos daba la posibilidad de hablar con el cliente y, por supuesto, evangelizar.

Billy y su familia asistieron a la Iglesia 'Green Pastures' (Verdes Pastos) en Caister, un pequeño pueblo cercano. Su Pastor, Colin King, era un granjero de Winterton. Unas pocas semanas después de mi llegada, los ancianos de la iglesia vieron la difícil situación en la que todos estábamos y con un acuerdo por unanimidad me compraron una pequeña caravana en la que podía dormir y estudiar. Era la caravana más pequeña que jamás hayas visto, ¡casi tenía que salir a la calle para dar la vuelta! Sin embargo, con el toldo añadido, era justo lo que todos necesitábamos.

Colin me ofreció trabajar en su granja y Felizmente acepté. Llegamos a conocernos bien y llegamos a ser buenos amigos. Un día, Colin me preguntó si me gustaría probar el arado con su tractor grande. Le expliqué que yo nunca había hecho esto antes y me dijo que era fácil. Todo lo que tenía que hacer era trazar una línea con algo en el paisaje que no se moviera, un árbol, por ejemplo, y alinearlo con algo en el tractor como el espejo retrovisor. Me puse en camino, determinado a arar en línea recta. Hice lo que me dijo Colin, pero los profundos surcos del campo y las enormes llantas del tractor hicieron que rebotara de un lado para el otro, tenía que mirar atrás para ver si me había salido de mi camino.

Todo parecía ir bien, así que continué hasta el final del campo y di un giro de ciento ochenta grados para arar el camino de vuelta hasta el otro extremo del campo donde había empezado. Imaginen mi horror cuando vi el gran surco oscilante. Había salido del camino, pero sólo cuando miraba hacia atrás. ¡Qué gran lección había aprendido! Tenemos que mantener nuestros ojos fijos hacia adelante y no mirar hacia atrás. Si miramos hacia atrás, vamos a 'tambalearnos' y desviarnos en nuestra vida. "Ninguno que poniendo su mano en el arado mira hacia atrás, es apto para el reino de Dios." (San Lucas 9:62)

Al Pastor Colin le gustaban las enseñanzas de Colin Urquhart y, claro, estaba todo a favor de mi deseo de ir al Instituto Bíblico Kingdom Faith. Cuando llegó el día de la entrevista formal en Roffey, el Pastor Colin me llevó.

Me entrevistó Jonathan Croft, que se convirtió en el Director de la Escuela Biblia, y concluyó en que debía ir al Instituto Bíblico, pero no en Roffey. Él me sugirió que fuera al Instituto Kingdom Faith nuevo que acababa de abrir en el Norte de Yorkshire; Casa Lamplugh en un pequeño pueblo llamado Thwing, (¡Suena más como un defecto en el habla en vez de un lugar real!). Jonathan me dijo que debía ir allí sólo un trimestre solamente para ponerme al día y me recomendó que fuera para el próximo semestre a partir de enero de 1994.

Estaba encantado y no podía esperar. Volví a Horsey con la buena noticia. A medida que el invierno comenzó a endurecerse, y los vientos del norte comenzaron a soplar, nos dolían los dedos cuando limpiábamos las ventanas. Aunque yo estaba viviendo en Norfolk, entre 'la gente del norte', y me dirigía al Norte de Yorkshire, yo sabía en mi corazón que Dios todavía me decía que debía 'hacer mi camino hacia el norte' a mi familia en Escocia.

Sentí que debía ir a visitar a mi familia en Escocia una noche en la semana antes de Navidad. Billy se puso furioso porque esa era la semana grande de las propinas. Él aceptó de mala gana y me dejó ir. Qué tiempo de bendición resultó ser. Ni mi familia ni yo sabíamos qué esperar. Las dos últimas veces que me habían visto en su casa me había escapado en ambas ocasiones. Las noticias que habían recibido de mí desde entonces fueron esporádicas en el mejor de los casos y confusas. Cuando entré en la sala de mi madre, había una multitud de gente esperando para verme. Hay tres cosas que me llamaron la atención, en primer lugar lo mayor que estaba mi madre (probablemente mi culpa), lo gordas estaban las mujeres y lo dispuestas que estaban a escuchar mi historia. Mi madre estaba en el borde de su asiento y no podía esperar para recibir la salvación. Al final de la noche, mi hermana, su marido y mi madre todos dieron sus vidas a Jesús. Fue un tiempo maravilloso. Me sentí como en casa y me sentí amado por 'mi gente'.

Unción

Devuelta en Norfolk, conseguimos coger las propinas y todos tuvimos una Navidad increíble. A medida que entramos en 1994 mis pensamientos se dirigieron hacia el Instituto Bíblico y la emoción comenzó a brotar dentro de mí. Cuando llegó el día de empezar, el Pastor Colin King me llevó hasta la universidad y entró conmigo. Yo estaba ocupado con la matrícula y con mis bolsas. Caminé con Colin hacia su coche y le di un abrazo enorme y un gran "gracias". Volví a ver a Shirley, la Administradora de la universidad, y ella me dijo que Colin había pagado una tercera parte de las tasas de mi curso para el semestre. Me sentí profundamente conmovido. La iglesia había reunido una ofrenda para mí y Colin había pagado el dinero sin que yo lo supiera.

Durante las siguientes doce semanas, todas mis tasas fueron pagadas, en su mayoría por gente que ni siquiera conocía - donaciones anónimas. Fue un gran testimonio de Fe para Bryan (el director), Shirley y yo. Recuerdo que una vez un cheque de £50 vino a nombre de Peter Stanway. Como yo no tenía cuenta bancaria, tuve que escribir a los donantes para agradecerles y pedirles que mandaran otro cheque en esta ocasión a nombre del Instituto.

Me escribieron para darme las gracias por reenviárselo ya que casi no habían pegado ojo desde el envío del cheque. La carta decía que habían sido desobedientes a Dios en la cantidad enviada y volvieron a mandar un nuevo cheque, a nombre del Instituto, por la cantidad que Dios les dijo en un principio, £168.75. Increíble...

Me quedé solamente un trimestre, que duró doce semanas, pero las aproveché a tope. Me tiré casi todas las tardes y noches orando y ayunando. Tuve ayunos prolongados de tres días, siete días, diez días porque tenía algunas preguntas para las que yo quería respuestas. Una de las preguntas era; ¿Cuál era la unción que Dios me había dado?

Sabía cuál era mi llamado, y las escrituras que lo confirmaban, desde los primeros días en Mijas; Mateo 15:35-40, pero sin la unción de Dios sería incapaz de cumplir con mi llamado. Sabía que la unción de Dios era la evidencia tangible de que Su presencia está con nosotros en nuestra vida.

Según iba profundizando en la oración, la escritura que continuamente parecía saltar de la Biblia era Isaías 61:1... 'El Espíritu de Jehová el Señor está sobre mí, porque me ungió Jehová; me ha enviado a predicar

buenas nuevas a los abatidos, a vendar a los quebrantados de corazón, a publicar libertad a los cautivos, y a los
presos apertura de la cárcel...

Discutí con Dios acerca de la unción, porque yo sabía
que era la unción para Jesucristo mismo. Durante muchas
noches yo decía, 'Es demasiado'. Un domingo, cuando la
canasta de la ofrenda pasó por mi lado, sentí que el Señor
decía: "Pon todo tu dinero en la cesta."
"Es todo lo que tengo y es para las llamadas tele-
fónicas y los sellos", le contesté.
"Ponlo todo", dijo el Señor. "Tu Fe está en esas
monedas en vez de en mí."

Justo cuando iba a ponerlo todo en la cesta, el Señor
dijo "cuéntalo." Así hice y había £4.17. Mientras lo ponía
en la cesta escuché a Dios decirme, "Te lo devolveré
multiplicado por diez."

Más tarde esa noche estaba de vuelta en la capilla del
Instituto discutiendo con Dios. Escuché un sonido familiar del Señor diciéndome esta vez, "Lucas 4:17." Así que
lo miré en la Biblia para ver lo que decía Lucas 4:17... "Y
se le dio el libro del profeta Isaías; y habiendo abierto el
libro, halló el lugar donde estaba escrito." Seguí leyendo
el siguiente verso, verso dieciocho... "El Espíritu del

Señor está sobre mí, Por cuanto me ha ungido para dar buenas nuevas a los pobres; Me ha enviado a sanar a los quebrantados de corazón; A pregonar libertad a los cautivos, Y vista a los ciegos; A poner en libertad a los oprimidos..."

No podía discutir más. Solo el Señor sabía cuánto dinero había en mi bolsillo. No tenía sentido mantener esta discusión para salirme con la mía.

Ahora que algunos de mis familiares estaban salvados, emprendí mi camino para buscarles una iglesia a la que podían asistir cerca de donde vivían. Eso significaba que usaba usando el teléfono muy a menudo. En una de estas llamadas mi madre me contó que había llegado una carta para mí. ¿Cómo era eso posible? No había vivido allí durante años, le dije que la abriera. Dentro había un cheque por una foto que había sacado hace años que recientemente había sido usada en un periódico nacional. El cheque tenía £45. Le pedí a mi madre que me lo mandara y la oficina del Instituto me lo canjeó en metálico. Esto fue el cumplimiento de la promesa que Dios me dio, multiplicando por diez lo que yo había puesto en la ofrenda. Supuse que se trataba de dinero para el billete a casa en Escocia, pero Dios tenía otros planes.

Unción

La enseñanza en el Instituto Bíblico fue Fenomenal y me proporcionó una base sólida sobre la cual me he ido edificando desde entonces. Conocí a gente de allí que se han convertido en amigos para toda la vida. Allí conocería a una persona que se convertiría en mucho más que eso.

Evangelismo

El trimestre empezó en enero y terminó en Abril de 1994 y estaba llegando el momento de irme de la Casa Lamplugh. Mis honorarios fueron pagados completamente y yo estaba listo para 'emprender mi camino hacia el norte'. El dinero que había recibido de la foto del periódico fue usado para bendecir a otras personas según Dios me mandó. Ahora estaba pensando en cómo iba a volver a 'casa'.

Un día en la cafetería del Instituto escuché a una mujer hablando con acento escocés. Escuché a escondidas su conversación y estaba hablando de volver a Escocia en Semana Santa. La Semana Santa fue la semana después del fin de curso. Me vio escuchando la conversación y me llamó la atención. Me preguntó si quería ir a Escocia con ella. Nos pusimos de acuerdo y todo quedó arreglado. Nancy y su hijo menor, James (su nombre luego cambió a Israel), que iba a cumplir cinco años, me recogieron de la Casa Lamplugh. Ese viaje estaba a punto de cambiar mi vida entera. James me pareció un crio increíble y contento, y su madre me pareció una mujer increíble. Me enamoré de los dos.

Nancy se matriculó en las clases de día durante un año en KF Lamplugh pero no coincidimos el uno con el otro durante el tiempo que estuve allí. Nos caímos tremendamente bien desde el principio, cosa que nos sorprendió. En ese tiempo, Nancy estaba en plena 'campaña de odio a los hombres' porque acababa de escapar de una relación horrible y yo pensaba que estaba en el Reino Unido sólo temporalmente hasta que fuera la hora de regresar a España.

Para cuando llegamos a la casa de mis padres en Rutherglen, Glasgow, ya habíamos entablado una mejor amistad e invité a Nancy a que conociera a mi familia. Quedamos en vernos otra vez antes de que Nancy tuviera que regresar a su casa en Driffield, en Yorkshire Wolds, para completar su último semestre en el Instituto Bíblico. Nos lo pasamos muy bien durante la siguiente semana. Pasamos horas hablando por el teléfono cuando no estábamos juntos. Cuando Nancy volvió a su casa continuamos con nuestras llamadas nocturnas todo el tiempo que nos era posible.

Empecé a asistir a la iglesia que encontré para mi madre, Bárbara (mi hermana) y Peter (su marido); el Centro de la Comunidad Cristiana de Dennistoun, Glasgow. También comencé a trabajar para Peter que tenía un negocio automovilístico; limpiando los coches arreglados y devolviéndolos a sus dueños. Una familia en nuestra iglesia decidió darme su Ford Escort viejo y gracias a ellos, pude visitar a Nancy y a James en Driffield.

Tuve la oportunidad de bautizar a Peter y a Bárbara y también a la secretaria de Peter, junto con la familia que me dio el coche en un hermoso lugar en Strathaven en Lanarkshire. Era un lugar donde a menudo hacía autostop cuando era sólo un chaval y era adónde iba con mi Vespa roja. Era mi 'lugar secreto', el lugar exacto que había visto en mi visión en Mijas; el calmado, pozo profundo en el Río Avon con árboles que sobresalían y una cascada alta que tronaba en el río un poco más arriba.

Me convertí en el evangelista en la iglesia. Tenían un equipo evangelístico pero sus esfuerzos no dieron fruto en casi un año. El Señor me dio una estrategia: nadie debía salir a evangelizar en las próximas semanas. Todos se reunieron para orar y buscar el camino a seguir. Se hizo evidente que algunos del equipo tenían una unción para el evangelismo y otros tenían una unción para la oración, especialmente la oración profética.

Cuando al final salimos a la calle, la mitad del equipo se quedó para orar. Oraron por lo que estaba sucediendo con el resto del equipo que estaban evangelizando. Cuando los que salieron volvieron, y compartieron lo que había sucedido con los demás, los dos equipos se sorprendieron de que, en el Espíritu, estaban unidos. Los evangelistas hablaban de una situación determinada y los intercesores acababan describiendo el escenario. Al poco tiempo, en torno a diez o doce personas cada semana entregaban sus vidas a Jesús, y casi la mitad de ellos comenzaron a asistir a la iglesia.

Normalmente, yo iba con los evangelistas y me encontraba con personas que conocía de los viejos tiempos que todavía estaban atrapados en la trampa de la adicción y que vivían en módulos para personas sin hogar. No podían creerse que yo era la persona que conocían del pasado y eso hacía que buscasen salvación. Si Dios pudo hacerlo por mí, pensaron...

Empecé a darme cuenta de que todo no iba bien en la iglesia. Todo empezó a salir después de haber conducido al pastor por toda Escocia. Él estaba mirando propiedades con la esperanza de comprar una para crear un hogar para niños desfavorecidos. Encontramos una propiedad enorme, una mansión cerca de Tain y la adquirió con éxito. Después de eso, sin ninguna explicación, le dijo al equipo de evangelismo que no tuvieran nada que ver conmigo y me prohibió entrar en la iglesia. Encontré otra iglesia a la cual asistir, junto con mis familiares, la Iglesia Kings en Motherwell. My madre fue bautizada allí.

El último semestre de Nancy se acercaba y era tiempo de pensar si debía ir al Campamento Fe de '94 o no. Nancy compró una pequeña caravana de segunda mano para ella, James y su amiga Nicola, que vivía con ellos y a mí me prestaron una tienda de campaña. Sentí, desde que dejé el Instituto Bíblico, que Dios me estaba hablando sobre introducir uno de los elementos del curso en Escocia: un curso de lectura de la Biblia titulado El Camino del Espíritu.

El creador del curso era un escocés, Reverendo Dr. Jon McKay, que era el Director de Estudios en el 'Kingdom Faith Ministries'. Él llevaría a cabo seminarios en el campamento. Hablé con Nancy y decidí compartir mis ideas con John. Esperaba que se riera de mi idea absurda porque, después de todo, yo estaba en camino de regreso a España, ¿no es cierto?

Cuando hablé con él casi dio una voltereta de alegría, "¡Ve y hazlo!" dijo, frotándose las manos mientras se reía.

"He estado orando durante años para que alguien hiciera eso." Eso era todo. Ahora tenía la difícil tarea de 'hacerlo', pero ¿cómo?

Nancy volvió a Escocia después del Campamento de Fe y encontró un sitio en una granja cerca de Strathaven donde podía dejar su caravana. Era agosto y todavía hacía calor en Escocia pero esto cambiaría drásticamente en invierno. Por el momento, yo seguía viviendo con mis padres. Empezamos a atender a una iglesia afiliada a 'Kings' en el Este de Kilbride con los pastores Douglas y Anna Corlett. Una mujer en la iglesia, Joan, ofreció amablemente a Nancy y a James mudarse a una habitación en su apartamento en East Kilbride. Lo hicieron, y yo me mudé a la caravana en Strathaven.

Ya que queríamos vivir en Strathaven, hicimos los arreglos para que James fuera a la escuela primaria de esa ciudad. Una vez matriculado, era esencial que Nancy y James tuvieran una casa en el área alrededor de la escuela. Consideró algunas opciones, pero ninguna fue la adecuada hasta que Casa Leigh Bent llegó a estar disponible. Fue perfecto, un pequeño bungaló adosado rodeado de tierras de cultivo con abundante aire fresco y buenos paseos.

Estuvimos cada vez más ocupados estableciendo reuniones de estudio en casas para estudiar el curso de El Camino del Espíritu (ECDE). Nos concentramos en establecer grupos que estuvieran cerca para poder ir y venir el mismo día. Mientras que el otoño iba dando paso al invierno, hacía demasiado frío para que me quedara en la caravana y justo antes de Navidad de 1994, John y Betty, viejos amigos de Nancy, me invitaron a dormir en el sofá en su casa en Darvel, unos catorce kilómetros al sur de la casa de Nancy en la misma carretera de Strathaven.

Recuerdo intentando llegar al sofá sin hacer ruido una noche después de regresar tarde de una reunión de ECDE. Mientras cerraba la puerta de la sala, la cabeza del pequeño Santa Claus que colgaba en el gancho en el interior se iluminó y empezó a cantar "¡Te deseamos una Feliz Navidad!" Antes de que la casa entera se despertara, me las arreglé para desengancharlo y salí corriendo al trastero en la parte trasera de la casa donde lo enterré en una cesta de ropa sucia. Todavía se lo podía oír, ahora más callado, cantando a pleno pulmón ".. y un Feliz Año Nuevo."

Fue en el período previo a Navidad que le pedí a Nancy que se casara conmigo. En uno de nuestros grupos de ECDE en el área de Shawlands de Glasgow, Fiona Merriweather nos dio nuestro primer regalo financiero a nuestro fondo de la boda.

Mientras estaba viviendo con John y Betty, Dios me dio una visión diciéndome la Fecha de nuestra boda. Vi un lago enorme, estaba tranquilo. El agua parecía más aceite que agua. Desde el interior del lago empezó a salir un monolito lentamente, era un lingote de oro grande. Donde el sello distintivo debía estar, había números grabados. Mientras el aceite poco a poco se deslizaba por el lingote se podía leer 21.03.95. Supe de inmediato que esta iba a ser nuestra Fecha para la boda, el equinoccio de primavera, casi exactamente un año después de que nos conocernos.

Estábamos cada vez más ocupados con ECDE en Escocia. Tuvimos que tomar algunas decisiones serias sobre qué hacer con James cuando nos casemos. Sabíamos que íbamos a viajar mucho más por toda Escocia, así que, ¿podíamos dejarle en una escuela cristiana residencial o educarlo en casa y llevarle con nosotros? Encontramos una buena escuela cristiana en Dumfries a la que le enviamos durante una semana. En cualquier caso viviría allí, o bien podríamos usar el programa de estudios que utilizaron ellos (ECA - Educación Cristiana Acelerada) para enseñarle nosotros mismos. La madre y el padre de Nancy, ahora retirados, estaban dispuestos a cuidarle de vez en cuando si necesitábamos ayuda. Por el momento, iba a terminar el curso en la escuela primaria de Strathaven.

Dios nos dio tres meses de antelación hasta la Fecha de nuestra boda y, hasta ese punto, no teníamos nada organizado. Necesitábamos un lugar para la boda y la recepción así que empecé buscar. Ningún lugar parecía adecuado. El Pastor Douglas tenía un amigo, LaVere Soper quien tenía un ministerio cuya base estaba en un castillo llamado Crossbaskets, en High Blantyre, Lanarkshire.

Fuimos allí para conocerle y le pregunté si podíamos usar el castillo. La respuesta fue afirmativa. Varias personas de los distintos grupos de ECDE se me acercaron ofreciéndome ayuda; Mike, un impresor de Killin; Jean, la florista de Cambuslang; Eddie, el restaurador de Gartcosh; Colin, el fotógrafo de Blantyre... Además de todo esto, El Señor me susurró al oído que ¡Nancy y yo íbamos a ir de luna de miel!

En el día de nuestra boda, Nancy le pidió al Señor que le diera una escritura especial para bendecirla en nuestro día de matrimonio. De entre las escrituras que el Señor le dijo a su corazón, había una que sobresalió porque no parecía la más apropiada; Salmos 111:2... "Grandes son las obras de Jehová, Buscadas de todos los que las quieren..."

Repartimos invitaciones libremente según el Señor nos dirigía y al final 120 invitados vinieron a nuestra boda y recepción. ¡Fue la mejor boda en la que he estado! James y yo bailamos mientras esperábamos a que llegara Nancy. Inmediatamente después de la boda, James vino corriendo hacia mí y saltó a mis brazos gritando con excitación "Papá, papá". Eso me recordó a la escritura de Salmos 2:7 "... Mi hijo eres tú; Yo te engendré hoy..." Todos se lo pasaron bien. Nuestra iglesia recogió una ofrenda para nosotros y así poder ir de luna de miel, que aún no habíamos reservado. Intentamos buscar algún lugar pero en ese tiempo en particular del año, era bastante limitado.

Al día siguiente de la boda, después de orar, Nancy y yo decidimos ir al centro de Glasgow, a la Calle Gordon, donde se encontraban varias agencias de viajes. Esperamos afuera y sentimos al Señor diciéndonos que nos dirigiésemos al Thomas Cook. Entramos y hablamos con uno de los dependientes.

"Hola, somos cristianos y nos casamos ayer. El Señor dijo que teníamos que hablar contigo sobre nuestra luna de miel."

La chica respiró bruscamente y dijo, "¿Dios os habló de mí?" se sorprendió.

"Sí", respondí.

"¿Cuando deseáis iros?" preguntó, casi soñando.

"Cuando sea posible, mañana o pasado," dijimos. "Esta semana ha estado reservada durante siglos" dijo, mirando a la pantalla con la mirada perdida, estando más interesada en porque Dios la había elegido... De repente su atención fue puesta devuelta en la pantalla del monitor.

"¿Qué es esto?" dijo. "¿Estáis interesados en unas vacacionas alpinas?"

Estábamos pensando en sol, mar y playas pero, en verdad, solo queríamos salir de aquí.

"¿Donde?" preguntamos.

"Escojan lo que quieran. Al parecer hay un deshielo grande en toda Europa y todos los esquiadores están cancelando sus reservas. Los operadores turísticos están ofreciendo estas cancelaciones a mitad de precio. Los Alpes Franceses, los Alpes Suizos, Austria..."

Nos miramos el uno al otro, "Austria suena bien."

En diez minutos habíamos hecho reservas para pasar unas vacaciones de calidad en Schladming, Austria, salíamos en tres días.

Como se predijo, nos encontramos con un deshielo cuando llegamos. Fuimos a dar un paseo por un espectacular desfiladero alpino donde las aguas blancas de la nieve derretida se estrellaban a su paso por la ladera de la montaña. Cruzamos el arroyo por un puente de cuerda y cuando llegamos a la cara de la roca al otro lado, había una placa atornillada en la roca. Tenía grabado, en alemán de Austria, el Salmo 111, versículo 2 "Grandes son las obras de Jehová, Buscadas de todos los que las quieren..." Dios nos había traído donde Él quería que fuéramos. Había planeado nuestra luna de miel desde el principio.

Al poco rato empezó a nevar hasta que hubo tres metros y medio de nieve que se extendían por el suelo durante el resto de nuestro tiempo en Schladming. Fue un verdadero paraíso de nieve y pasamos un tiempo increíble. Un día, cogimos el tren a Salzburgo, famoso por ser el telón de fondo de la película emblemática película 'Sonrisas y Lágrimas '. Como es el lugar de nacimiento de Mozart, Salzburgo es también famoso por la música. Los músicos callejeros que se encuentran por allí eran impresionantes. No sólo eran virtuosos, sino que, los instrumentos que tocaban eran réplicas de la segunda mitad del siglo dieciocho, la época de Mozart.

Las estaciones se fueron haciendo más rurales en nuestro viaje de regreso a Schladming, los pasajeros entraban y salían con esquíes que utilizaban para completar su viaje hacia y desde la estación de tren; las mujeres de mediana edad, vestidas con prendas de lana de invierno, llevaban sus compras en esquíes en vez de en bicicletas.

Perdido en una Montaña

La semana después de que Nancy y yo volviésemos de nuestra luna de miel en los Alpes de Austria, decidimos escalar una montaña invitados por el marido de mi hermana, Peter. Su hijo Darren, que tenía cinco años, y nuestro hijo Israel, que tenía seis, también vinieron. Peter ya había subido el Ben Venue antes. Dijo que era un 'agradable paseo'.

Aparcamos nuestros coches en el Hotel Loch Achray y partimos a subir el Ben Venue, una montaña que se eleva a más de setecientos metros y destaca sobre Loch Katrine.

No era 'una noche oscura y tormentosa' y no se escuchaba nada. Era un día de primavera maravilloso con apenas una nube en el cielo. Los pájaros cantaban y todo estaba perfecto… Lo primero que hicimos mal fue ignorar la señal blanca y roja de advertencia que estaba a los pies de la montaña y tenía un cartel que decía: 'Cerrado hasta Semana Santa', pero como era lunes de pascua pensamos que alguien no lo habría quitado… ¡Gran error!

Seguimos tranquilamente el camino que nos llevaría a la cima. Hasta aquí todo bien, no fue difícil hasta que, a unos treinta metros de la cima, el clima cambió de repente y fuimos engullidos por una tormenta de nieve que apareció de la nada. No veíamos más allá de nuestras narices. A los pocos minutos toda la montaña estaba cubierta de nieve.

Puesto que pensábamos que sólo íbamos a dar un paseo, no íbamos preparados, no teníamos mapas, brújula, ropa de abrigo, ni comida, ni bengalas... ¡nada! El camino estaba oculto ahora bajo la nieve, por lo que calculamos que si nos dirigíamos hacia el lado del lago podría haber un camino por allí hasta llegar a un lugar seguro. Resbalamos y patinamos sobre la nieve medio derretida que bajaba por la ladera de la montaña hasta que llegamos a un precipicio de unos ciento cincuenta metros hacia las profundidades insondables del lago. No había camino y no había alternativa. Tuvimos que volver a subir la montaña a un terreno menos inclinado para buscar otro camino de regreso a lo seguro.

Estábamos todos agotados. Nancy y Bárbara estaban inquietas. Lloraban suplicando para que las dejáramos atrás. Se habían dado por vencidas y ¡querían morir! Tomé la autoridad y oré con fuerza en el Espíritu y antes de darme cuenta, habían escalado el camino de regreso a la montaña. AFerrándose a arbustos de brezo y usando habilidades que no sabían que tenían, regresaron a un sitio más seguro.

Todo esto requería tiempo e Israel mostraba síntomas de hipotermia. Estaba desorientado y no podía caminar, así que le llevé a hombros. Era ya el anochecer y decidimos dividirnos. Peter y su familia y yo y la mía fuimos por caminos separados comprometiéndonos a enviar ayuda para los demás, el que la encontrara primero.

Después de casi nueve horas en la montaña, cinco de ellas llevando a Israel, nos encontramos a los pies de Loch Katrine. Como un faro de esperanza, pudimos ver una luz en el otro lado del lago. ¿Cómo íbamos a cruzar? Descubrimos una compuerta sobre la que podríamos cruzar. Dios nos estaba cuidando. Al parecer, la caseta con las luces pertenecía a un hombre que hacia rescates alpinos llamado Archie. Sabía exactamente lo que hacer. Avivó su fuego y puso a Israel delante de él. Le quitamos su ropa mojada y le envolvimos en una manta. Tenía la 'piel de naranja', toda arrugada por haber estado mojado durante tanto tiempo. Pronto empezó a descongelarse y a dejar de temblar.

Archie no podía creer lo que veían sus ojos cuando vio las luces de un coche de vuelta en el otro lado del lago. Dijimos que podría tratarse de los demás en busca nuestra. Agarró una linterna y se fue a investigar.

"¿Qué haces aquí arriba en un coche?" gritó.

"Estoy esperando a Peter" Bárbara dijo. "

"Peter está conmigo, está a salvo. Vuelve al hotel y nos reuniremos allí."

Devuelta en el hotel, saliendo del Land Rover de Archie, Bárbara, con una voz de pánico preguntó, "¿Donde está Peter?"

"Aquí esta" dijo Archie, señalándome a mí."

"¡No!" Bárbara gritó, "¡Mi marido Peter!"

Archie estaba a punto de llamar al helicóptero de rescate de montaña cuando, resoplando y jadeando, con la cara roja y casi delirando, Peter salió de detrás del edificio. Gritó a Bárbara, "¿Por qué te diste la vuelta y regresaste sin mí? Pude ver las luces del coche, ¡ya casi estaba ahí!"

Parece ser que cuando Peter, Bárbara y Darren volvieron al hotel, Peter sugirió que deberían volver a subir a la montaña en su automóvil a buscarnos. Fueron tan lejos como pudieron sobre angosto el terreno y cuando no pudieron seguir, Peter le dijo a Bárbara que esperara en el coche y que dejara las luces del coche encendidas. Peter siguió a pie en nuestra búsqueda. Cuando Archie vino con la noticia de que todo el mundo, incluyendo Peter, estaba a salvo, Bárbara se apresuró a regresar al hotel para vernos.

Al final todos estábamos sanos y salvos y agradecidos de estar vivos, bebimos un poco de sopa caliente, cortesía del hotel. Miramos hacia atrás y vimos lo estúpidos que habíamos sido y lo increíble que era que hayamos sobrevivido para contar esta historia. Nancy y Bárbara prometieron que nunca más subirían otra montaña.

Visión de Ángeles

Volvimos a Escocia dispuestos a seguir como líderes del curso de lecturas de la Biblia del Camino del Espíritu. Recorrimos toda Escocia visitando iglesias y hogares, haciendo a veces dos mil cuatrocientos kilómetros en una semana. Teníamos que confiar en la provisión del Señor. Lo que comenzó a ser algo así como 'la Fe por un billete de cinco libras' para la gasolina suficiente para llegar a nuestro siguiente destino, pronto vimos que dio para mucho más que eso. Peregrinamos desde las Hébridas Exteriores a las fronteras y de costa a costa. Casi todo el tiempo teníamos a James con nosotros. Pasaba su tiempo todos los días haciendo su trabajo escolar, por lo general con Nancy, antes de que partiésemos a nuestra siguiente localización.

John McKay tenía un amigo, Guy Barton, quien, junto con su hermana, había formado una fundación para cuidar de su hogar familiar en Kingussie, en el epicentro de Escocia. La Fundación Mateo ofreció el uso de esta casa a ECDE en Escocia. Era una casa grande con nueve dormitorios, tres habitaciones públicas con bastante terreno y jardines. Aunque nunca fue nuestro hogar, se convirtió en la base de ECDE en las tierras altas. Era un lugar donde podíamos estar cuando estábamos viajando por todo el altiplano y un lugar donde podíamos preparar a nuestros líderes regionales de ECDE para el trabajo que cada vez incrementaba. Para los que querían pasar al siguiente nivel de ECDE podríamos ofrecerles el Curso de Formación del Profesorado de la Biblia Profética.

En el momento en que nos dieron el uso de la casa en Kingussie, un hecho singular tuvo lugar entre Nancy y yo mientras estábamos orando en nuestra casita en Strathaven. Los dos entramos en una visión, la misma visión. Podíamos discutir lo que cada uno de nosotros podía ver y lo que vimos fue un gran ángel guerrero de cinco metros que estaba vestido para la batalla. Él manejaba una enorme espada sobre su cabeza y cortaba el cielo plomizo. Al cortar las nubes, éstas retrocedían de forma acelerada hasta dejar el cielo limpio y azul. En este punto se oyó una voz declarar, "Yo te daré un cielo despejado sobre Escocia."

A partir de ese día, durante los próximos cuatro meses, tuvimos un cielo azul sin nubes sobre Escocia. Eso fue un milagro en sí mismo, pero también sabíamos que el Señor quiso decir que nos daría un cielo abierto sobre Escocia, un momento de favorable. De camino a nuestra casa en Kingussie, al pasar a través de Drumochter Pass, una fina 'niebla escocesa' comenzó a caer. Cuando el sol iluminó la niebla era como si cada gota se convirtiera en un prisma y, en todo el espectro de la gloria del Señor, Dios comenzó a hablar con nosotros sobre la importancia de la multimedia, en especial la televisión, en nuestro ministerio. Un día o dos más tarde junto a la ventana de nuestro dormitorio en Kingussie, con vistas al valle de Spey, vi al ángel guerrero, todavía vestido para la batalla, pero esta vez Nancy y yo éramos como niños pequeños. Jugábamos y rodábamos por la ladera. Todo el tiempo este ángel enorme se estaba riendo mientras se divertía con nosotros y, a la vez era, vigilante y protector.

Poco a poco, el número de personas que hacían ECDE en Escocia creció a una cifra estable de dos mil. Empezamos a tener días de clase y conferencias. John McKay se acercó en muchas ocasiones a dar estos seminarios. Durante una de sus visitas a Kingussie, vio a nuestro ángel guerrero. John lo vio haciendo guardia en la puerta de entrada del camino que conducía hasta la casa, vestido con su armadura angélica con su espada apuntando hacia abajo en el suelo con ambas manos en la empuñadora, sosteniéndola verticalmente delante de él. John no era propenso a la emotividad, realmente lo vio.

Durante los tres años y medio que fuimos pioneros del Curso de Lectura Bíblica de ECDE en Escocia, nos encontramos con muchas personas increíbles y fuimos desbordados por su generosa hospitalidad. Teníamos un grupo de alrededor de veinticinco personas, la mayoría involucrados con ECDE en el área de Lanarkshire, que se reunían regularmente en nuestra casita de campo en Strathaven. Nos reunimos para orar y compartir la Palabra de Dios, y verdaderamente, Dios estaba con nosotros.

Israel

En 1995, año en el que Nancy y yo nos casamos, volvimos al Campamento de Fe. Esta vez llevamos la caravana de Nancy. El orador principal de ese año fue el pastor Héctor Giménez. En ese momento él era el pastor de la segunda iglesia más grande del mundo, con doscientos cincuenta mil miembros, principalmente en Argentina. El pastor de la iglesia más grande era David (Paul) Yonggi Cho de Corea del Sur. Tenía a más de un millón de seguidores en su iglesia.

De camino hacia el campamento recogí unas pocas espigas de trigo que crecían en el lado de la carretera. Era el momento de la cosecha en Inglaterra. En un momento durante la semana le di al pastor Héctor nuestro boletín de ECDE de Escocia, con una espiga de trigo en el interior. Tuve el placer de haberle conocido.

Aproximadamente un mes más tarde estaba revisando nuestros mensajes telefónicos a distancia desde un ferry de camino a Tarbert en Harris en las Hébridas Exteriores y había un mensaje de la oficina del Pastor Héctor en Argentina. Dijeron que a Héctor le gustaría aceptar mi oferta y venir a Escocia. ¡Cómo! No me acordaba de haberle invitado a venir a Escocia, pero, "¿No sería maravilloso?"

Tenía que encontrar una máquina de fax en un atardecer en esta isla remota de Harris, una isla que ¡no había sido capaz de recibir una señal de televisión hasta hacía poco! Me fijé en un edificio con las luces encendidas cerca del muelle donde el ferry entró. Resultó ser una 'cooperativa de trabajadores', una iniciativa de la comunidad, integrada por voluntarios locales.

Un médico asiático estaba de guardia cuando entré...
"¿Puedo enviar un fax desde aquí?", le pregunté.
"Claro que sí" respondió.
"¿Tienes un lápiz y un pedazo de papel blanco A4?", le pregunté.

Tenía papel así que me puse a confirmar, en español, que había recibido la llamada telefónica y le pregunté cómo proceder. Comencé a introducir el papel escrito a mano en la máquina de fax, pero a mitad de camino, la máquina empezó a temblar y luego violentamente empezó a rebotar en la estantería. Como no quería dejar pasar la oportunidad le dije al médico que el pastor de la segunda iglesia más grande en el mundo estaba leyendo este fax, y él respondió en voz alta por encima del ruido "¡creo que Dios mismo está leyendo este fax!"

Durante este tiempo el Señor comenzó a convencer a Nancy para cambiar el nombre de James. Habíamos visitado el campo de batalla de Culloden entre Inverness y Nairn. Fue allí en el dieciséis de abril de 1746 que el ejército jacobita intentó recuperar el trono de Gran Bretaña de los Hanoverianos para un rey Estuardo.

Bonnie Prince Charlie, o 'el Joven Pretendiente' era un jacobita. Los jacobitas tomaron su nombre de 'Jacobus' que significa James. Para los jacobitas, el rey James II (de Inglaterra) y VII (de Escocia) siguió reinando hasta su muerte en 1701. Los jacobitas negaron la validez de la usurpación del trono, en aquel tiempo, por el Príncipe y la Princesa de Orange en 1688.

El Jacobinismo es, sin embargo, más que una simple creencia de que otra persona tiene más derecho al trono. También es una visión radicalmente diferente de la que el monarca y la monarquía tienen en la sociedad. Los Jacobitas rechazan la idea de que el rey tiene su autoridad delegada a él por el Parlamento. Muchos sostienen que la autoridad del rey viene directamente de Dios Todopoderoso.

Todo esto tuvo un impacto en Nancy y en mí y empezamos a pensar en Jacob, el hijo gemelo de Esaú, hijos de Isaac, el hijo de Abraham en la Biblia. El significado de Jacob en hebreo es 'engañador' o 'suplantador'. En la Biblia, los nombres de las personas son muy importantes y a menudo son una descripción de la persona. No sólo eso, pero cada vez que se dice su nombre es un anuncio de lo que significa en su vida.

Después de un encuentro con un ángel de Dios, Jacob cambió su nombre a Israel. Israel significa 'el que prevalece con Dios' y 'Príncipe de Dios'. Pensamos que era mucho mejor que el significado de James o Jacob, pero ¿Qué pensaría James y qué pensaría nuestra familia? En ese momento no conocíamos a nadie más que se llamara Israel. ¿Cómo sería crecer en Glasgow con un nombre tan 'inusual'?

Compartimos nuestros pensamientos con James, que en ese momento estaba teniendo algunos encuentros profundos e íntimos con Dios. Al principio no dijo mucho. Un día, mientras se acercaba la época de Navidad, de repente anunció desde el asiento atrás del coche que Dios le iba a dar un nuevo nombre para Navidad. Su nuevo nombre iba a ser Israel. Cambiamos su nombre en el registro civil (partida de nacimiento) al año siguiente, y ahora James se llama oficialmente Israel. Después de algunas sorpresas, su nuevo nombre fue aceptado y la mayoría de la gente de hoy ni siquiera conoce esta historia. A Israel le encanta su nombre.

Hemos tenido algunos coches que fueron un desastre en nuestro tiempo, un ejemplo es un Ford Sierra familiar cuyo chasis había comenzado a partirse. Estaba seguro de que iba a partirse en dos. Las puertas no cerraban bien y que, junto con el sistema de calefacción que no funcionaba, significaba que el coche estaba muy frío en invierno. A medida que nos dirigíamos a Kingussie desde el sur, pasaríamos a través del Paso de Drumochter que es de cuatrocientos sesenta metros en su punto más alto. En invierno se cubre de nieve. Fue aquí donde vi por primera vez toda una manada de ciervos en movimiento. A medida que daba a la ladera una hermosa tarde de otoño, vi lo que yo pensaba que era el brezo acariciado por el viento en la ladera de la montaña. Al inspeccionarlo más de cerca, me di cuenta de que era un rebaño de miles de ciervos que se movían lentamente, a pastos más exuberantes.

En invierno no podía mirar por la ventana lateral del coche, ya que se había congelado en el interior. Nancy y yo (y todos los desafortunados pasajeros) estábamos envueltos en mantas alrededor de las piernas y botellas de agua caliente en nuestro regazo ya que el interior del coche estaba literalmente bajo cero.

Por aquel entonces, John y Betty, el padrino de boda y la dama de honor, compraron un coche nuevo y nos regalaron su viejo coche. Era un Mitsubishi Colt (potro). Nos gustó la idea de montar en un potro al igual que había hecho Jesús. Era un coche automático y fue un regalo agradable. Sin embargo, la cantidad de millas que sumamos y las largas distancias que hicimos comenzaron a hacer que la transmisión automática comenzara a fallar. La marcha atrás dejó de funcionar. Esto era manejable, siempre y cuando pensáramos con bastante antelación y ¡aparcáramos en lugares de los cuales pudiéramos salir!

A pesar de que estas peculiaridades de los coches son divertidas, en aquel momento entendimos un mensaje con un sentido 'espiritual'. No podíamos ir hacia atrás sólo hacia adelante. Sentimos que Dios nos estaba diciendo de seguir avanzando, sin pensar en volver atrás, seguir adelante hacia la victoria. Si yo me encontraba en una situación en la cual me olvidaba de aparcar de manera que tenía que salir marcha atrás, esto significaba que tenía que pedir ayuda para salir. ¡Esto no sólo era humillante, sino también doloroso!

Los Argentinos

El proceso empezó con la visita de los argentinos a Escocia en diciembre de 1995 y comenzamos a orar por el Pastor Héctor y su equipo. La publicidad fue repartida. En una de nuestras reuniones de oración por esta visita, que tenían lugar en nuestra casa de campo de Strathaven, el número '10.000' vino a mi mente, no £10.000 o $10.000 sólo '10,000'. Podría haber sido diez mil patatas pero ¡yo esperaba que no fuera eso!

Algunas de las iglesias más grandes con base en Glasgow comenzaron a responder positivamente para alojar al Pastor Héctor y del mismo modo, una escuela, un módulo de personas sin hogar, un centro de rehabilitación y una prisión querían que hablara allí. Nuestra iglesia accedió a alquilar un buen coche para llevarle de un lugar a otro. Un contingente de líderes escoceses había accedido a reunirse con él a su llegada al aeropuerto de Glasgow. Las fechas fueron fijadas para el lunes 19 de diciembre al jueves 22 de diciembre. Fue la semana previa a la Navidad y sabíamos que esto podía tener un efecto negativo tanto en la asistencia como en las ofrendas, y, ¿qué pasaría si nevaba? Sin embargo, yo confiaba en que había escuchado correctamente a Dios y traté de no preocuparme.

El plan seguía su curso hasta la tarde antes de su llegada, el domingo 18 de diciembre. Nancy, James (aún no se llamaba Israel), y yo estábamos en casa de mis padres para almorzar. Mi teléfono sonó, era una llamada de la oficina del Pastor Héctor en Buenos Aires. ¡El Pastor Héctor no iba a venir! Había sido invitado con poca antelación a la Casa Rosada, la sede oficial de la rama ejecutiva del Gobierno de la República Argentina y de los cargos de Presidente, para hablar de sus programas de televisión que se emitían en la televisión nacional. Fue una tremenda oportunidad y demasiado buena para dejarla escapar. Nancy vio como me quedé boquiabierto y pálido. Yo empecé a balbucear en español, para que no pudiera entenderme. Está bien, me aseguraron, el hermano mayor del Pastor Héctor, Lalo, y un joven evangelista también llamado Héctor vendrían en lugar del Pastor Héctor Giménez. ¿Qué se podría hacer?

Ya era demasiado tarde para cancelar, y era difícil ponerse en contacto con alguien en domingo. Los pastores estaban todos ocupados con actividades de la iglesia y todas las oficinas estaban cerradas. Ellos nunca me creerían, pensé. Podrían pensar que había sido un montaje desde el principio. A última hora del domingo por la noche me puse en contacto con la mayoría de las personas clave y se acordó por unanimidad que debíamos seguir adelante con todo lo que estaba previsto. Esta resultó ser la decisión correcta. Ninguno de nosotros podría haber previsto lo que iba a suceder. Iba a tener un efecto increíble en nuestras vidas y ministerios.

Lalo llegó con el ticket de su hermano y todos le recibieron en el aeropuerto. Le llevaron de inmediato a una iglesia cercana al aeropuerto, Centro Cristiano Victoria de Govan. Lalo empezó a ministrar a un grupo de medio centenar de pastores y líderes y yo traducía. El joven Héctor (Tito) venía en otro vuelo un poco más tarde, así que Nancy y la pastora Anna iban y venían del aeropuerto de Glasgow para ver cuando llegaba, y para buscar el equipaje de Lalo que aún estaba por llegar.

En diciembre es verano en Buenos Aires. Lalo llegó a Escocia en pleno invierno escocés con una camisa de seda, con zapatos de cuero y sin calcetines. Quedó claro para las señoras que tendrían que proporcionarle ropa de invierno e hicieron planes para comprar calcetines, chalecos, suéteres y anoraks.

Finalmente, Tito llegó y le llevaron a participar en la reunión de Govan. Él llegó justo cuando la reunión estaba terminando y Lalo estaba orando por todo el mundo.

Tan pronto como Nancy y la pastora Anna llegaron, Lalo puso sus manos sobre sus cabezas y oró por ellas. Al igual que a todos los demás que había orado, se cayeron en el Espíritu y descansaron en el suelo.

La pastora Ana nos dijo más tarde lo que sucedió. Mientras yacía en el suelo, empezó a sentir un calor tremendo que se acumulaba en su cabeza... 'Qué unción', pensó, 'nunca he sentido un calor como este antes ¡Wow!' Se quedó allí durante algún tiempo disfrutando de la experiencia, con los ojos cerrados, absorbiéndolo. Cuando finalmente abrió sus ojos, miró hacia arriba y vio que se encontraba justo debajo de un radiador. ¡Qué risa, pensando que era su súper-espiritualidad!

Una Muestra del Avivamiento

Las reuniones incrementaban en fuerza, rompiendo todos los récords anteriores de concurrencia donde quiera que fuéramos. Nuestros invitados argentinos predicaban en todas las ocasiones, compartiendo la plataforma y el mensaje, pero dando dos perspectivas distintas. Lalo era una figura paterna con un corazón de pastor y Tito era un evangelista con mucho carisma con un encanto entrañable con el que se ganaba a la gente. Después de predicar invitaron a todos a que vinieran hacia adelante para la oración, así que la tarde se alargaba, ya que las reuniones progresaban a lo largo de cada día. Llegábamos a casa a altas horas de la mañana después de dejar a los hombres en su hotel, y Nancy y yo contábamos las ofrendas y llorábamos. Podíamos ver los fajos de billetes, arrugados y juntos, que había puesto la misma persona. Y no sólo entregaban dinero, sino también relojes, anillos, pulseras y collares fueron depositados en la ofrenda. Estas reuniones rompían todos los récords anteriores de ofrendas hechas en una sola reunión... y esta fue la semana antes de Navidad en Escocia, un país con una reputación en el extranjero por tener una población bastante agarrada, tanto que ¡hasta pelarían una naranja en su bolsillo para no compartirla con nadie!

Los argentinos nos dijeron que la unción que ellos tenían se descargaba sobre el pueblo de Escocia, pero como un boomerang, golpearían su objetivo aquí, y volverían con más fuerza a Argentina. La visita a la prisión Longriggend fue fantástica. La prisión, (que ya está en desuso), se dividía en dos secciones distintas. Había un ala de jóvenes delincuentes, donde a los jóvenes se les mantenía en prisión preventiva a la espera de su comparecencia ante el tribunal y el juicio, y había un ala de convictos, donde se encontraban los prisioneros de largas sentencias, justo antes de su liberación, en un intento de ayudarles a reinsertarse en la sociedad.

En primer lugar, visitamos a los jóvenes delincuentes, y una veintena de ellos entraron a la reunión. Todos estaban muy pálidos y asustados, pero tratando de disimularlo. Los guardias nos advirtieron de no intentar poner las manos sobre ellos, y cerca de cuatro oficiales estaban en pie rodeando la habitación observando. Tito comenzó a hablar y fue directo al grano:

"¡Examínense! Ustedes son una desgracia para sus familias. ¡Qué vergüenza! Han roto el corazón de sus madres. Pero ustedes pueden cambiar eso. Hoy pueden hacer que se sientan orgullosos de ustedes. Ustedes pueden optar por cambiar su vida. Ustedes pueden decir adiós a su antigua forma de vida, la violencia y el crimen, y ustedes pueden comenzar de nuevo el camino que Dios tenía indicado para ustedes. ¿Quién quiere ser el primero en dar su vida a Jesús?"

Hubo un sonido de pies que se arrastraban y ojos evitando la mirada y un incómodo silencio, y de pronto un chico se puso en pie, después otro. Y sucesivamente todos los chicos se pusieron en pie, y un oficial también respondió. Todos ellos oraron a Jesús para que les perdonase y para convertirse en su Señor y Salvador a partir de ese día.

A continuación, nos dirigimos a la 'ala de convictos', donde sólo había alrededor de seis celdas. En el primero encontramos un marino, musculoso, con la cabeza rapada de la Marina Real, que había estado en la guerra de Las Malvinas con Argentina. Lalo me dijo que no tradujera. Se dirigió directamente a este joven enojado y, en español, le dijo lo mucho que Dios lo amaba y cómo Él tenía un plan para su vida. El marinero no tenía idea de lo que se decía y tampoco lo hizo ninguno de los otros presos, que estiraban sus cuellos para ver lo que estaba pasando. Ante nuestros ojos este hombre duro de Glasgow comenzó a ponerse tan pálido como el papel y sus músculos comenzaron a desinflarse como una pelota de playa. Poco a poco, se deslizó por la pared en un montón arrugado incapaz de ponerse en pie bajo el poder del amor de Dios. Los otros convictos miraban con asombro y gritaban a lo largo del pasillo, "me toca a mí, ¡ora por mí también!"

Al final de todo esto pudimos cubrir todos nuestros gastos y los suyos, y enviar a casa a Lalo y a Tito con $10.000 para bendecir a la iglesia principal en Argentina.

América del Sur

En abril del año siguiente, 1996, tuve una llamada telefónica inesperada:

"Hola Peter, soy Colin."

¿Quién? pensé y luego reconocí la voz. Mi siguiente pensamiento fue, "¿A quien conocía yo que podría hacerse pasar por Colin Urquhart?"

"Me preguntaba que te parecería si acompañaras a hacer una visita a los avivamientos en América del Sur", me preguntó. "Iríamos a Chile primero y luego a Uruguay y luego hacia Argentina." Me quedé atónito y sin palabras.

"¿Es para que le traduzca?" le pregunté.

"No, ellos tendrán traductores. Me lo pregunto porque creo que Dios quiere que vengas conmigo" respondió.

"Me encantaría. Gracias." No me lo podía creer. Mi sueño de niño de ir a América del Sur se estaba haciendo realidad. Fue un milagro. La secretaria de Colin, Paula, lo organizó todo y en mayo de 1996 me puse en camino hacia una aventura que cambiaría mi vida, con el estimado pastor y apóstol Colin Urquhart, para visitar el avivamiento de fama internacional de América del Sur... Sentí que alguien tenía que pellizcarme porque me parecía estar soñando.

Cuando llegamos a Santiago, Chile, resultó que el traductor se había retrasado y tuve que traducir yo. Había alrededor de cinco mil personas reunidas allí y todo iba bien.

El Pastor Colin tenía múltiples variaciones sobre dos temas básicos que eran:

1. Quienes somos en Cristo Jesús, y
2. Si somos verdaderamente sus discipulos, llevaremos a cabo la enseñanza de Jesús, entonces conoceremos la verdad y la verdad nos hará libres.

En esta ocasión fue el tema 1. Pastor Colin decidió ilustrar su enseñanza tomando una pequeña hoja de papel blanco y limpio que representaba al nuevo cristiano. Él levantó el papel para que todos lo vieran. Luego tomó su Biblia que representaba a Jesús, la Palabra de Dios. Abrió la Biblia y colocó la hoja de papel en blanco en el interior y el tema era que, como cristianos, nuestra vida está escondida con Cristo en Dios.

Me impactó, la profunda sencillez de esta revelación me dejó estupefacto, que no es nada bueno para un traductor. Oí un suave carraspeo en la distancia y luego un susurro, "díselo a la gente Peter." En un momento de reflexión profunda me olvidé de traducir al Pastor Colin. ¡Vaya!

Más tarde, después de la reunión, el Pastor Colin me llamó para traducir algo personal que quería decir al pastor anfitrión.

"Dile que Dios está enojado con él."

Sorprendido, obedecí y se lo dije. Los ojos del pastor se abrieron como platos y se quedó boquiabierto.

"Dile que ha sido desobediente."

El rostro del pastor comenzó a ponerse pálido.

"El Señor dijo que Él te dijo que creases una iglesia de cinco mil personas, y en vez de eso, has creado iglesias de mil personas, algo muy fácil para ti.

"Es cierto", dijo el pastor y comenzó a llorar.

Pocos meses después de regresar al Reino Unido nos enteramos de que el mismo pastor tenía una iglesia de cinco mil miembros en el centro de Santiago. ¡Gloria a Dios!

Al final resultó que, este era el tipo de traducción que estaría haciendo para el Pastor Colin lo largo de nuestra visita a América del Sur. Tuve un tiempo increíble. Cuando nos encontramos con el Pastor Héctor Giménez en Buenos Aires, Argentina, se disculpó por no venir a Escocia. En retrospectiva, creo que resultó mejor que él no viniera. El Pastor Héctor era una gran personalidad, tanto que la gente se hubiera centrado más en él y su ministerio, en lugar de mirar a Jesús y lo que Él estaba haciendo.

Nunca he conocido a nadie que trabajara tan duro como el Pastor Héctor. Mientras estuvimos allí, hablaba en su iglesia diez veces al día y nunca repetía ninguno de sus sermones. También transmitía todos los días en la radio y la televisión. La iglesia solo cerraba media hora en veinticuatro horas, por lo general durante la noche, para poder hacer la limpieza. Recuerdo que alguien le preguntó sobre el día en el que hacían las reuniones de oración. Miró de reojo y dijo: "No tenemos reuniones de oración. Oramos todo el tiempo."

El edificio de la iglesia del Pastor Héctor era un antiguo cine en el centro de Buenos Aires. La iglesia se llamaba 'Ondas de Amor y Paz'. La capacidad era de mil ochocientas personas lo que significa que aproximadamente quince mil personas pasaban por allí cada día. Nos dijeron que tardaban unos tres días en celebrar la

Santa Cena. Yo estaba allí con el Pastor Colin durante algunos eventos especiales para celebrar el cuadragésimo cumpleaños del Pastor Héctor. Estábamos con predicadores muy conocidos en todo el mundo, y además de lo que se organizó en la propia iglesia del Pastor Héctor, hubo actividades especiales organizadas en otros lugares.

Uno de los lugares a los que fuimos todos a visitar fue la cárcel de Olmos a las afueras de la ciudad de Buenos Aires. De tres mil prisioneros, mil quinientos eran creyentes nacidos de nuevo en Jesucristo. Los cristianos ocupaban todo el piso superior, donde pintaron murales que representan los aspectos de la vida de Jesús. Tuvimos un tiempo de comunión con ellos y nos presentaron a los doce pastores que cuidaban de los presos cristianos y el único pastor que cuidaba de los doce. Oramos por ellos y fue un tiempo bendecido. Entonces ellos preguntaron si podían orar por nosotros y fue increíble, ¡ellos sabían cómo orar! La mayoría de ellos estaban en la cárcel con condenas a cadena perpetua por crímenes atroces cometidos cuando no eran creyentes. Su manera de escapar era la de oración por las vidas y ministerios de las personas que los visitaban. En el pasado Olmos estuvo gobernado por Satanás y la Iglesia Satanista puso allí un altar para los sacrificios. Ahora Jesús estaba en el trono.

La obra de Dios comenzó allí cuando un pastor fue encarcelado injustamente porque se dio la coincidencia de que tenía el mismo nombre que un delincuente que la policía estaba buscando. Mientras este lio se iba resolviendo, el pastor cristiano comenzó a orar por la gente y algunos se convirtieron al cristianismo. El pastor fue al director y le preguntó si podía celebrar reuniones abiertas de oración y el director le respondió señalando a uno de los peores presos y dijo: "Si usted puede llegar a convertirle en cristiano, le permitiré tener sus reuniones de oración."

Él estaba en el 'piso de los elefantes', porque allí era donde estaban todos los tipos duros. Los peores, los más perversos de los criminales estaban allí y el hombre que el director señaló era el padre de todos los 'elefantes'. Se volvía loco y giraba a su alrededor con los brazos extendidos por lo que era imposible que alguien pudiera acercarse a él. Se necesitaba un máximo de seis guardias para reducirlo. El pastor y su pequeño grupo de cristianos pusieron sus ojos en él y centraron sus oraciones en el 'hombre elefante'. Lento pero seguro, una paz comenzó a llegar sobre él y en unos pocos meses se convirtió. El director cumplió su palabra y comenzaron las reuniones de oración. Hoy en día, más de la mitad de la población carcelaria son cristianos.

Ese primer pastor fue puesto en libertad, pero continuó su trabajo. El pastor principal, en el momento en que estuvimos allí, era un hombre conocido en el exterior como el 'Diablo de Paraguay'. Como un hombre joven en la cárcel había aprendido a hacer un arma de fuego. Tras su liberación se fue a ver a su madre que no lo había visitado ni siquiera una vez, mientras estaba en prisión. Su novio abrió la puerta y él le disparó primero y después le disparó a su madre. A continuación, se atrincheró en un edificio anexo con una sola entrada y salida mientras esperaba a que llegara la policía. Disparó a los dos primeros que echaron la puerta abajo y entonces la policía le disparó diecisiete veces.

A pesar de esto, él no murió sino que fingió estar muerto. La policía envió su cuerpo al médico forense de la ciudad, donde se descubrió que aún estaba vivo. Lo trasladaron al hospital de la ciudad y desde allí hasta el hospital de la prisión. Mientras estaba allí recuperándose, otro prisionero enfermo empezó a testificarle. Era un cristiano y antes de abandonar el hospital, el 'Diablo de Paraguay' había entregado su vida a Jesús y se convirtió en un creyente nacido de nuevo.

La celebración oficial del 40 cumpleaños del Pastor Héctor se llevó a cabo en un enorme estado deportivo presenciado por millones de personas. El Pastor Héctor le dio al Pastor Colin su reloj Rolex en esa reunión. Había un verdadero ambiente de alegría dondequiera que íbamos en Argentina. Después de la reunión, nos sentamos en un restaurante con vistas al Mar del Plata para compartir la comida de cumpleaños del Pastor Héctor. Los camareros nos sirvieron todo tipo de carnes diferentes apiladas en una hoja de espada. Era delicioso y suntuoso.

Al día siguiente, el pastor Colin y yo volamos sobre el Mar del Plata a Montevideo, Uruguay, donde nos encontramos con un trabajador pionero del Pastor Héctor. José era un evangelista haciendo el trabajo de pastor que creó una iglesia en un antiguo teatro burlesco en la parte más corrupta de la ciudad. La calle estaba llena de tiendas de sex-shops y burdeles. Las personas se acercaban a las animadas reuniones cristianas que tenían lugar y, una vez dentro, eran tocados por Dios y salvadas. José también tuvo un programa de radio que transmitía durante tres horas desde la medianoche todas las noches. No tengo idea de cuando dormía. Una vez, cuando fue a entregar las ofrendas de la iglesia de Buenos Aires, viajando por el camino más largo por carretera, se quedó dormido. Él volvió en sí, de pie junto a su coche aplastado que había sido atropellado por un autobús lleno de turistas. Su lesión sólo fue un pequeño rasguño en el codo.

Me senté en la habitación del hotel dando gracias a Dios la noche anterior de volvernos al Reino Unido. Yo estaba contando mis bendiciones y dando gracias por haber hecho de mi sueño de infancia, una realidad. Mientras pasaba el tiempo, estaba haciendo un recuento general de lo que todo este viaje habría costado. Calculé que el costo total de vuelos, hoteles, comida y todo lo demás haría un total de alrededor de £10.000. Dios no es deudor de nadie. El bumerán de la bendición financiera que pudimos enviar a la Iglesia en Argentina volvió a nosotros ¡con una bendición aún más grande!

Rincones y Grietas

Nancy y yo continuamos nuestro itinerario por toda Escocia durante tres años y medio. Visitamos muchos lugares interesantes mientras viajábamos por todo el paisaje de postal. Uno de estos lugares era Glenelg, situado en la espectacular costa oeste de Escocia, con vistas a la isla de Skye, cerca de Glenbeag Brochs, de fama mundial. Son algunas de las viviendas más antiguas de Escocia que se remontan a alrededor del 100 AC. El viaje para llegar hasta allí fue magnífico, con cuestas imposibles y curvas cerradas. Nuestro grupo del ECDE pertenecía a la Beca Cristiana de Glenelg con el pastor Donnie (que se ocupaba de quitar la nieve de las calles en invierno), su madre Peggy y algunos otros. Sin embargo, aunque el grupo era pequeño, valía la pena ir allí por el asombroso viaje y por la recompensa de alimentar a aquellos cristianos hambrientos y aislados.

Otro lugar que era fascinante por razones muy diferentes, era Raddery en la Isla Negra. Nos dio escalofrío en nuestra espina dorsal porque nos pillaba de camino el Pozo Clootie, cerca de Munlochy. Los pozos clootie se llamaban así por los 'cloots', pedazos de tela, que se colgaban a su alrededor. Se remontan a tiempos pre-cristianos y son lugares de peregrinación en las zonas celtas. Se dice que el 'pozo sagrado' en Munlochy data de 620 DC. Las tiras de tela o trapos es lo que queda de la ropa de los enfermos que se ataron a las ramas del árbol como parte de un ritual de sanación.

Nuestro grupo del ECDE en Raddery nos alojamos en la casa del director de la escuela Raddery con su esposa. La escuela Raddery era un lugar con atención terapéutica, una escuela residencial especial independiente para los jóvenes con heridas emocionales.

Los habitantes de la zona habían orado mucho para que un cristiano viniera a ocupar el puesto vacante de director y Alan fue la respuesta a sus oraciones. Había mucho trabajo por delante y él se paseaba por los dormitorios orando por cada niño. Había una cantidad inmensa de actividad espiritual en ese lugar, y algunas de las historias de actividades demoniacas que Alan tenía, como poco, daban miedo. Dios estaba de parte de Alan y por lo tanto, eso significaba que Alan estaba en el bando ganador. Un día, después de haber estado corriendo, entró y se dejó caer en el sofá con las ventanas del patio abiertas a sus espaldas. Acto seguido, un enorme ángel rubio entró y se sentó a horcajadas sobre él, se sentó sobre su pecho y le profetizó. "Dios está con usted, usted vencerá, usted tendrá éxito." Después el ángel se marchó y Alan supo que se unió a la hueste angélica que había estado esperando afuera antes de desaparecer.

A pesar de que todos los lugares que visitamos tenían una singularidad especial que las hizo únicas, hubo algunos lugares que eran claramente excepcionales y diferentes a cualquier otro. Este lugar era las Islas de Lewis y Harris, en las Hébridas Exteriores, en el noroeste de Escocia. Hubo un avivamiento allí y estoy seguro de que fue un factor contribuyente. Durante los años 1949 a 1952, una efusión extraordinaria del Espíritu Santo se llevó a cabo en la isla de Lewis. Era tan poderoso que fue descrito como una 'visita de Dios.'

Nancy y yo, a menudo acompañados por Israel, cogíamos el ferry de Uig en la Isla de Skye para ir a Tarbert en la Isla de Harris, o de Ullapool en el continente a Stornoway en la Isla de Lewis. En Stornoway, nos recibió Morag McLeod desde de Garrabost. Cuando Morag era joven experimentó el avivamiento de Lewis. Durante ese tiempo ella tuvo una visión del horizonte en llamas, donde el Océano Atlántico y el cielo se reunieron. Corrió hacia la casita de sus padres y, mientras ella se acercaba, vio a su padre salir de la casita y caminar hasta la valla perimetral. Eufórica por la excitación, le gritó a su papá, que la ignoró, cerró la puerta y volvió a casa. Era un hombre de la Iglesia No Conformista y como muchos miembros de aquella denominación, no estaba a favor del avivamiento.

Morag fue bautizada más tarde por un evangelista que visitaba de Canadá en una bonita bahía de arena blanca bañada por el mar azul turquesa. Sus padres no saben hasta el día de hoy por qué ella tiene una foto de ese lugar en la pared. Ella dijo que si lo hubieran sabido, nunca hubieran vuelto a hablar con ella y ella habría sido excomulgada de la iglesia. Cuando llevamos a cabo las reuniones del ECDE en los pueblos, la gente venía en secreto, pero eso no impidió que el Espíritu Santo se moviera a través de ellos y tuvimos algunos momentos sorprendentes cuando muchos fueron bautizados en el Espíritu Santo, a menudo hablando en lenguas. Fue muy poderoso.

Morag fue una gran anfitriona y tenía el don de la hospitalidad. Como resultado de ello, por la mañana y la tarde, disfrutamos de los placeres de la repostería casera. Recuerdo que cuando estábamos de regreso en tierra firme, le pregunté a Nancy si le gustaría compartir acerca de lo que había pasado cuando estuvimos en las islas. Ella se deshizo en elogios acerca de las delicias gastronómicas y la tremenda hospitalidad que disfrutamos allí. Después de unos diez minutos tuve que interrumpir con una pequeña tos y recordar a Nancy que lo que nos interesaba eran los testimonios de lo que el Señor había hecho en las reuniones que habíamos tenido en el ECDE.

Algunas casas en la isla parecían casas piloto, de hecho, eso es lo que eran exactamente. De vez en cuando recibían el subsidio ovino europeo. Entonces los habitantes llamaban a Argos u otros Grandes Almacenes en el continente y hacían un pedido de todo lo que estaba en la foto del catálogo del dormitorio en la página ochenta y nueve; todo lo que estaba en la foto del catálogo de la sala de estar en la página ciento uno; y todo lo que estaba en la foto del catálogo del cuarto de baño en la página ciento treinta y tres. Así se les enviarían todo en el siguiente reparto a la isla, y también les harían la instalación y el montaje como parte del servicio al cliente.

Morag nos conducía a los pueblos donde se celebraban las reuniones y, mientras nos trasladábamos de uno a otro, hablábamos de los tiempos del avivamiento. Para ser totalmente sincero, los creyentes hambrientos, nacidos de nuevo en la isla, estaban hartos de los 'buscadores de gloria' que visitaban la isla para 'ver el brezo en llamas.' Ellos querían un nuevo derramamiento del

Espíritu Santo, no el avivamiento de hace cincuenta años. Le preguntamos cómo era en aquellos tiempos:

"¿Estuvieron todos los pueblos tocados por el avivamiento?"

"No, en absoluto," Morag respondió con su acento suave de las tierras altas. "Unos pueblos se resistieron y el Espíritu Santo simplemente pasó de largo. Algunas personas eran demasiado religiosas para ver lo que estaba sucediendo, como los fariseos en tiempos de Jesús, y se lo perdieron."

Una vez, cuando estábamos fuera de casa fuimos a visitar a Alasdair Mór (Alasdair el Grande). Él era muy anciano y estaba sentado en una silla junto a la ventana, mirando el paisaje sin árboles, barrido por el viento de las turberas y lagunas. Una carretera asfaltada estrecha serpenteaba su camino a través de esta región inhóspita y conectaba un edificio de zinc corrugado bastante grande, pintado de verde, a la finca pequeña, donde vivía Alasdair.

Este edificio se utilizó como iglesia durante el avivamiento y Nancy y yo íbamos allí a orar antes de reunirnos con Alasdair. Cuando estábamos orando podíamos ver a la gente alegre, alabando a Dios y bailando y compartimos esto con Alasdair. Cuando lo hicimos, de sus ojos comenzaron a brotar lágrimas y miró desde su ventana a una distancia que no podíamos ver.

"Sí", dijo, "así era, pero la acción de gracias y las alabanzas, la alegría y el baile, no se limitaban a las paredes de este edificio. Salimos a las calles día y noche, incapaces de contener dentro de nosotros o de cualquier edificio, el gran amor de Dios que brotaba de nuestro interior."

En otra ocasión en Harris, se había organizado una reunión del ECDE en una cabaña remota. Las mujeres habían estado ocupadas y el carrito de la comida estaba lleno de delicias caseras. La lluvia comenzó a caer, el viento se levantó y creció la tormenta. Nuestros anfitriones avivaron el fuego de turba de carbón para calentar la habitación pequeña, donde el encuentro se iba a celebrar. La hora de inicio pasó y nadie nuevo había llegado. Y yo lo entendí ya que hacía una noche terrible.

Comencé la reunión para los que estábamos allí. Tenía el fuego a mi espalda de cara a la habitación. De repente se oyó el ruido de un motor; un minibús llegó lleno de gente para la reunión. Rápidamente trajimos más sillas para los recién llegados. A medida que se llenaba la habitación tenía que acercarme al fuego, que a estas alturas ya era un infierno rugiente. A medida que la reunión avanzaba, los oyentes estaban pendientes de las palabras que decía y sentí que mi espalda se estaba cociendo y la parte delantera se estaba asando. El Espíritu Santo vino a mi rescate y hubo un gran alivio de libertad y muchos fueron bautizados en el Espíritu Santo.

Durante nuestras visitas a las Hébridas Exteriores, nos enteramos de una profecía que había sido dada por un vidente del siglo XVII. Parte de la profecía decía que "la Isla de Lewis estaría bajo el agua y las únicas personas que sobrevivirían serían los que llevasen zapatos rojos." En 1995 se anunció que iban a tener un barco nuevo, moderno, entre Stornoway y Ullapool, que era más grande y más rápido, para sustituir al antiguo. Fuimos uno de sus primeros pasajeros. Cuando nos reunimos en el muelle para embarcar en Stornoway, imagina nuestra sorpresa cuando nos dimos cuenta de que casi ¡todos los isleños que iban a bordo llevaban zapatos rojos! El nombre de este nuevo ferry era 'La Isla de Lewis.'

Cuando visitamos las Islas de Skye y Harris, a menudo nos detuvimos en casa de Bill y Gillian en Auchtertyre. Fue Bill quien primero nos llevó a Glenelg y fue en su iglesia, donde escuchamos el sermón de Jacob convirtiéndose en Israel, que confirmó a Nancy que debíamos cambiar el nombre de James a Israel. Bill y Gillian regentado un gran hotel en Kingussie antes de jubilarse y ellos sabían cómo cuidar de sus huéspedes. Nos alimentaron bien y recuerdo estar sentado afuera de su puerta de atrás, los cuatro disfrutando del desayuno bajo el sol de una mañana encantadora. Ellos fueron fundamentales en los momentos que pasamos en esa amplia área de Weston Ross en las tierras altas del noroeste. Nunca nos olvidaremos de nuestras visitas al clima subtropical de Plockton o ver los majestuosos ciervos de los valles, tan cerca como para tocarlos, en la carretera estrecha a Ullapool. Recordamos las reuniones en el granero reformado de Colin, en su hotel cerca de Dornie, donde se bautizó a un ministro de la Iglesia Presbiteriana en el Espíritu Santo en un día de Enseñanzas del ECDE, y mucho más. Bill y Gillian tenían el don de la hospitalidad y su influencia nos enseñó la importancia de aquel don para lo que nos viniera en el futuro.

Mi Padre

Mientras tanto, seguía trabajando la relación con mi padre. Cuando volví a Escocia en la Semana Santa de 1994, me quedé con mis padres en Mill Street, Rutherglen. Cada día mi padre me preguntaba que cuándo me marchaba. A pesar de esto, intenté con todas mis fuerzas amarle. En cada oportunidad que tenía yo le testificaba, le hablaba, le daba tratados cristianos, libros y cintas de casete. Lo encontré todo en un cajón, aparentemente sin tocar.

En Febrero de 1996, un domingo por la tarde, tuvimos una reunión familiar en nuestra casita en Strathaven. Mis padres y mi tío Jim, y su esposa Margaret, estaban allí con Nancy, Israel y yo. Fue un día genial y llegó la hora de despedirnos. Fuera, con los días cortos del invierno, la escarcha había caído y el suelo estaba resbaladizo. Al bajar las escaleras de la puerta de nuestra casa, mi madre resbaló y casi se cae. No sé por qué razón, en lugar de compadecerme, me enfadé con ella y la introduje violentamente en el coche y la llevé a casa.

Dejé a mis padres y fui a la reunión mensual de las iglesias regionales en Motherwell. La reunión había comenzado e inmediatamente me uní a la adoración. Con mis manos levantadas y los ojos cerrados, oí una voz que me preguntaba, "¿Qué estás haciendo aquí? ¡Sal de aquí y pídele disculpas a tu madre!" Le dije a Nancy que iba a salir, pero que pronto volvería.

Fui a la casa de mis padres, directamente a donde mi madre estaba sentada, viendo la televisión en la sala, me senté en un taburete frente a ella y le pedí que me perdonara. Me puse a llorar y ella me consoló. Yo estaba tan arrepentido y expliqué lo mal que me había comportado como hijo, y como cristiano. Mi padre, que estaba sentado en otra silla al lado de mi madre dijo: "¿Estás escuchando Bárbara?" Tanto mi madre y yo, sorprendidos por su interjección, nos volvimos hacia él y yo sabía en mi espíritu que mi padre estaba dispuesto a recibir a Jesús en su vida.

"¿Has escuchado esas cintas que te di?" le pregunté.

"¿Qué pasa si es verdad?" él me contestó.

"¿Estás listo para ser salvo?'

"Sí" dijo, y allí mismo, guié a mi padre en la oración para su salvación en Jesucristo.

En septiembre de ese mismo año (1996), Nancy y yo recibimos una llamada telefónica mientras yo estaba ministrando en Stoke on Trent. Me informaron que mi padre había tenido un derrame cerebral masivo. Regresamos de prisa a Escocia y nos dirigimos directamente al Hospital Victoria en Glasgow. El pronóstico era malo y se nos dijo que mi padre nunca volvería a caminar ni a hablar de nuevo y, que en caso de que se recuperara, viviría como un vegetal. Yo sabía que tenía que orar por un milagro, pero también sabía que mi madre y mi hermana, que también estaban allí, tendrían que decidir que informe iban a creer. ¿Tenían la fe para creer que Dios podía, y que sanaría a mi padre? Bárbara dijo que no podía creer y salió de allí dejando a mi madre, a Nancy, y a mí orando.

También sentí que debía ungir con aceite a mi padre, de acuerdo a lo que la Biblia dice en Santiago 5:14-15... ¿Está alguno enfermo entre vosotros? Llame a los ancianos de la Iglesia, y oren por él, ungiéndole con aceite en el nombre del Señor. Y la oración de fe salvará al enfermo, y el Señor lo levantará... Eché casi una botella entera de aceite de oliva sobre la cabeza de mi padre y oré. Mientras hacía esto, mi padre con el brazo que no estaba paralizado, intentó agarrar algo delante de él, intentando coger algo que no podíamos ver. Pensé que tal vez pensó que era uno de esos triángulos suspendidos por encima de su cama, con el que podía ponerse en pie.

De la Muerte a la Vida

En menos de una semana mi padre ya intentaba salir de la cama y podía hablar. Entre otras cosas, yo quería saber qué era lo que intentaba alcanzar y agarrar. ¿De qué se trataba? Mi padre explicó que cuando él tuvo el derrame cerebral era como si estuviera atrapado en un torbellino y sintió que estaba cayendo hacia atrás en la oscuridad. Una silueta se le apareció contra una luz brillante y comenzó a llamarle por su nombre, 'Alex... Alex...' una y otra vez. Mi padre llegó a agarrar la mano extendida de la figura y me dijo que nunca había sentido una manera de agarrar igual. No lo dejaba ir.

"¿Quién crees que era?" le pregunté.

"'Fue Jesús, por supuesto", respondió mi padre.

Al llegar las Navidades, mi padre ya era capaz de caminar y el hospital le permitió irse a casa durante unos días. Bailamos y sacamos fotos para mostrarlas al personal del hospital que dijeron que nunca volvería a caminar. Vivió otros seis años después del derrame. Seis años más que él no habría tenido si no hubiera conocido a Jesús en el torbellino. Se fue con el Señor en el año 2002, a la edad de sesenta y siete años.

Mi papá creció como un hombre duro en las pandillas del Este de Glasgow durante los años 50. Su padre murió cuando él era todavía un niño y fue criado por su madre y sus hermanas mayores. Él era un hombre enojado y violento. Su conocimiento del mundo era simple y básico. Sobrevivía con sus instintos primitivos. Con el fin de sobrevivir en su mundo, él tenía que saber qué áreas estaban a salvo dentro de los estrechos límites de su casa.

Una vez mi amigo George y yo convencimos a mi padre para que viniera con nosotros a subir una montaña. Decidimos que lo llevaríamos hasta la cima de Ben Lomond. Se trataba de una subida de montaña fácil, pero se elevaba a casi mil metros de altura y desde su cima las vistas son magníficas. Todos caminábamos hacia arriba y tardamos unas seis horas en llegar a la cima. Fue un día glorioso con un despejado cielo azul.

Pudimos ver los veintinueve kilómetros de esplendor brillante de Loch Lomond y las montañas que lo rodeaban y que se extendían hacia el norte, a los Grampians y las tierras altas más a lo lejos. Hacia el sur se podían ver las tierras altas del sur, al este el Mar del Norte y al oeste estaba el Atlántico. ¡Qué vista más impresionante! Cuando me volví para ver la reacción de mi padre, él ya estaba a medio camino bajando de la montaña. La vista panorámica desde la cima le había sorprendido tanto que no podía aceptarlo. Había salido fuera de su zona de seguridad y se enfrentó a la abrumadora realidad de un mundo más allá de su control.

Drumchapel

La demanda de la enseñanza de ECDE comenzó a crecer y aunque John McKay dirigió la mayoría de los seminarios, no podía dirigirlos todos. Otros oradores, entre ellos Colin Urquhart, llegó también para ayudar. Recuerdo en una ocasión que Jarrod Cooper fue nuestro orador. Él había sido el líder de adoración en KF Lamplugh cuando Nancy y yo éramos estudiantes allí y más tarde tuvo fama internacional por escribir un coro popular "Rey de Reyes, Majestad."

La primera vez que Jarrod estuvo con nosotros fue cuando las manifestaciones carismáticas del Espíritu Santo, que habíamos visto por primera vez en la Iglesia del Aeropuerto de Toronto, Canadá, estaban en su punto más alto. Por la mañana del día de enseñanza Jarrod estaba 'tan borracho en el Espíritu', que apenas podía mantenerse en pie. Su discurso era inaudible y las palabras que decía eran incoherentes. ¿Qué íbamos a hacer? Esperábamos a más de un centenar de personas de muchas zonas de Escocia que iban a venir para ser alimentados por la Palabra de Dios. Jarrod (y para nuestro alivio, Dios) nos aseguró que todo iba a salir bien. Efectivamente, tuvimos una reunión poco ortodoxa, pero mientras Jarrod profetizaba, con palabras de sabiduría y de conocimiento, las vidas de las personas a las que hablaba fueron impactadas y cambiadas para siempre.

El curso 'El Camino Del Espíritu' nunca tuvo la intención de ser un sustituto para asistir a una iglesia reconocida donde un pastor podría conocer a su congregación. Fue un curso escrito con el propósito de enseñar a los discípulos verdaderos de Jesús y éstos, a su vez, podrían engendrar a más discípulos. Nancy y yo aprendimos mucho al coordinar y hacer el curso. Esta experiencia nos ha proporcionado los cimientos para lo que estamos haciendo hoy. Tres de las palabras clave que se usan a través de todo el curso, y, potencialmente, dan la respuesta a la mayoría de las preguntas, son: la fe, la obediencia y el sacrificio. De hecho, estas tres palabras resumen la vida de Jesucristo y, como tal, también expresan el estilo de vida esperado de cada cristiano (discípulo) de Jesucristo.

Lo pasamos en grande, vimos lugares maravillosos, fuimos testigos de algunos milagros increíbles, conocimos a gente fantástica y ayudamos a nutrir y ayudar a muchos de ellos. A través de ECDE hemos podido mostrar a la gente cómo vivir sus vidas, guiados por el Espíritu Santo, como verdaderos discípulos de Jesús. Sin embargo, después de tres años y medio, llegaba la hora de un cambio y Nancy y yo empezamos a clamar al Señor para que nos diera la oportunidad de estar entre los no-creyentes; entre las personas que no conocen a Jesús.

Dios no tardó mucho en contestar nuestras oraciones. Íbamos a una reunión de líderes en Roffey Place, y el vuelo se canceló fue debido al mal tiempo. Era enero de 1997. En lugar de volver directamente a casa nos detuvimos en la Iglesia de la Victoria en Govan. Alex Gillies, el pastor, estaba allí y nos sentamos en la cafetería de la iglesia para charlar un rato. Alex estaba pensando en casarse y él nos preguntó cómo una persona sabía si estaba enamorado. Nos reímos y seguimos charlando un poco. Alex nos preguntó cómo iba nuestro ministerio y le explicamos lo que estábamos orando. Inmediatamente, Alex nos preguntó si queríamos una iglesia vacía. Él acababa de recibir una en Drumchapel, Glasgow, el lugar donde se había criado y donde había comenzado a hacerse pastor. Nos interesó y nos quedamos para el día siguiente reunirnos con él y Arthur, su párroco asistente, en Drumchapel. Nos reunimos y oramos y acordamos quedarnos con el edificio hasta la Pascua.

Propagamos la noticia y comenzamos a planear el primer culto en la Iglesia de la Victoria, en Drumchapel.

Muchos de nuestros trabajadores de ECDE de la zona de Glasgow estaban dispuestos a unirse a nosotros para nuestro primer domingo, pero el diablo no estaba contento. Desde el principio los jóvenes de la localidad comenzaron a lanzar bombas de gasolina al edificio y destrozar los coches que estaban estacionados allí. A veces robaban los coches, los llevaban a bosques cercanos y los quemaban. No fue fácil.

Esto continuó durante semanas. Una vez, cuando estaba saliendo del edificio, esquivé por los pelos un ladrillo que me lanzaron. Oí la burla, como llevada por el viento, "Somos los romanos y vosotros sois los cristianos..." (¡Humor negro de Glasgow!). Sin inmutarnos, continuamos con las reuniones y con la oración. Empezamos un Instituto Bíblico y asistieron muchos de nuestros conocidos del ECDE. Una noche estábamos orando en la puerta principal del edificio de la iglesia y pude ver algunas figuras que se movían en las sombras y en los arbustos de fuera. Seguimos orando y unos pocos misiles fueron lanzados en nuestra dirección. La noche siguiente fue lo mismo, pero esta vez las figuras, con máscaras, salieron de las sombras, pero seguían provocándonos con insultos. A la tercera noche se acercaron a la puerta y nos preguntaron qué estábamos haciendo. "Estamos orando por vosotros." Ellos respondieron con insultos. "¿Qué hacen ustedes allí de todos modos?" preguntaron.

"Es una iglesia, ¿queréis entrar?"

Con chulería y arrogancia entraron y se sentaron por ahí. No éramos muchos; era un martes y no había programada ninguna reunión. Empezamos a hablar con ellos de una manera amigable y amable. Se relajaron, cuatro de ellos en plena adolescencia. Antes de terminar la noche, estos cuatro habían entregado sus vidas a Jesús. Fue un milagro y una obra soberana de la gracia de Dios.

Al poco tiempo, las cosas empezaron a cambiar a mejor. Era como si hubiera habido una elección en el cielo, y Jesús había sido elegido...

Abriendo Camino

Nuestro equipo de adoración se componía de Nancy tocando el tecalado, Evert en la guitarra y un muchacho de la localidad que estaba aprendiendo a tocar la batería. Evert era un holandés graduado en Kingdom Faith de Roffey, pero había vivido en Glasgow antes y había vuelto a la ciudad después de ir a Roffey. Él era un genio con los ordenadores y vivía en el sótano de la iglesia.

Me levantaba cada mañana y oraba al Señor por la palabra profética de la Biblia de ese día para nuestro Instituto Bíblico. Grababa lo que iba a enseñar en un dictáfono personal. Al llegar a la iglesia entregaba la cinta a Evert, que lo transcribía inmediatamente y me daba la transcripción mecanografiada después de nuestras oraciones de la mañana y el tiempo devocional. Estas me servían para las notas de enseñanza de la mañana. Hicimos esto todos los días cuando tenía clases en nuestro Colegio Bíblico. Evert sigue siendo mi amigo y lo seguirá siendo. Él ahora vive en Holanda y Nancy y yo tuvimos el honor de ser invitados a su boda en julio de 2007 cuando se casó con una hermosa chica holandesa llamada Mieke.

Cuando estaban tocando un domingo en la iglesia, el grupo de alabanza se miraba entre sí de una manera muy peculiar. Todos estaban convencidos de que los demás habían estado ensayando en secreto, por lo bien que sonaba. La adoración fue increíble y, a medida que continuábamos, quedó claro que no eran nuestros músicos los que habían mejorado de manera espectacular, eran los ángeles que los acompañaban los que trajeron una nueva dimensión a la música. Durante la adoración, la puerta del santuario se abrió de golpe y entró una mujer ruborizada, con una cara regordeta de unos treinta y pico años y con una prole de cinco hijos a su alrededor diciendo: "¡Tenía que venir, tenía que venir! Fue la luz en el cielo. Lo vi desde kilómetros de distancia y me subí a un autobús para seguirlo. Está allí por encima del tejado, tenía que venir." Salimos a mirar, pero la luz que le había traído aquí ya no estaba, había cumplido su función. Le explicamos que había ángeles que adoraron con nosotros esa noche y ella comprendió que Dios la había traído a nuestra iglesia para encontrarse con Jesús. Ella entregó su vida a Jesús y una paz sublime le envolvió. No sé si ella cogió el autobús N $^\circ$ 9 de vuelta a casa por la noche o simplemente se fue en una nube.

Pronto, más y más gente de la comunidad local comenzó a convertirse. Drumchapel tiene el estigma de ser un patrimonio de casas y viviendas marginales, llenas de gente indeseable que nadie quería como vecinos. Las personas fueron arrojadas allí de todas partes de la ciudad de Glasgow. Esto incluía a los desempleados de larga duración y los que tenían problemas de adicción y con antecedentes penales. La mayoría tenía poca o ninguna educación lo que quería decir que nuestro modelo clásico del Instituto Bíblico no iba a funcionar y, por lo tanto, tuve que volver a pensar mi estrategia.

Dios me dio una estrategia, un plan de estudios integral que se centró en cinco elementos clave del discipulado cristiano; físico, práctico, espiritual, creativo y ministerial. Se llamaba "Formación para la Vida" (FPV). Hice una colección de videos de los cuales puse siete en una serie llamada 'Fundamentos'. Estos cubrieron los pasos preliminares de la enseñanza cristiana fundamental...

Enseñanza 1 - La seguridad de nuestra salvación.

Enseñanza 2 – El bautismo en el Espíritu Santo.

Enseñanza 3 - Los dones del Espíritu Santo.

Enseñanza 4 - Cómo conocer más a Jesús.

Enseñanza 5 – La nueva identidad en Cristo.

Enseñanza 6 – El don de discernimiento para contra el engaño.

Enseñanza 7 – Enviados a la luz.

Empecé a formar una biblioteca de recursos para el plan de estudios. Se componía de las notas de enseñanza, cintas de casete y libros. Sin embargo, quedó claro que tendríamos que encontrar un lugar de residencia para que los nuevos cristianos de Drumchapel tuvieran la posibilidad de participar en nuestro curso. Nancy y yo comenzamos a buscar un edificio adecuado. Durante este tiempo sentimos que el Señor nos animaba a poner esto en práctica: 'regala lo que tienes y yo te daré lo que necesitas.' Lo que teníamos era el uso de una gran casa en Kingussie. Lo que necesitábamos era una gran casa cerca de Glasgow, tal vez a una hora de distancia de la iglesia. Lo suficientemente lejos para sentirnos alejados de lo 'familiar' en Drumchapel. Nos pareció que un lugar con una veintena de habitaciones sería más que suficiente. Un hotel pequeño, por ejemplo, con todas las instalaciones necesarias y aprobadas por la ley de sanidad y seguridad.

Compartí la visión con nuestros estudiantes que estaban haciendo el curso en el Instituto Bíblico y a mitad de la frase el Señor me detuvo y me reprendió. "Tu visión es demasiado pequeña. No se trata de veinte habitaciones, sino de setenta habitaciones." Tragué saliva y compartí con los estudiantes lo que el Señor me había dicho. Luego todos tragamos saliva y me puse a escribir la visión para compartirla con los que nos apoyaban en la obra.

Lamentablemente, hasta este momento, miráramos donde miráramos, bien les habían robado el plomo del techo, o bien se veía muy destrozado, y costaría cientos de miles de libras repararlo. Teníamos pensado dar Ardselma, la casa en Kingussie, a una joven familia que había formado parte de nuestro grupo en la primera reunión del ECDE hace casi cuatro años. A Andy y Carla les tocó tanto el ECDE que dejaron su casa alquilada en el ayuntamiento de una zona deteriorada de Coatbridge, Lanarkshire y, junto con sus dos hijas, se fueron al Instituto Bíblico Kingdom Faith en Roffey.

A los dos años, cuando terminó el curso, no tenían hogar al que regresar, por lo que Nancy y yo les invitamos a venir a vivir a Ardselma, Kingussie. Carla estaba embarazada. Ahora que Nancy y yo íbamos a tener nuestra base en el área de Glasgow, Kingussie estaba demasiado lejos para nosotros. Después de hablarlo mucho y de mucha oración, pasamos las riendas de ECDE en Escocia a Andy y Carla. Al mismo tiempo, pusimos nuestras vidas ante el Señor, y le dijimos que si él realmente quería que llevásemos la iglesia en Drumchapel, entonces Él nos proporcionaría una casa cerca de la Iglesia. Todavía vivíamos en nuestra casita en Strathaven y, en hora punta, tardábamos dos horas en llegar Drumchapel.

A los pocos días, una persona apareció en nuestra iglesia que tenía una hermana que vivía en una granja alquilada justo sobre la colina, que no se veía desde nuestra casa. Ana y su marido John tenían una casa en Torrance que estaban dispuestos a alquilarla para poder pagar el alquiler de la finca. Nos reunimos y fuimos a ver su casa en Torrance. Era ideal para nuestras necesidades y llegamos a un acuerdo. Al cabo de unas semanas nos mudamos a nuestra nueva casa en Torrance, que estaba situada a sólo once kilómetros, o quince minutos, de la iglesia en Drumchapel. El Señor había respondido a nuestra oración y sabíamos que debíamos continuar con el trabajo en Drumchapel.

Casa Kilcreggan

Cuando John, cuya casa estábamos alquilando en Torrance, supo que estábamos buscando una propiedad grande, a una hora de la iglesia en Drumchapel nos preguntó si habíamos visto alguna vez la Casa Kilcreggan. Nunca habíamos oído hablar de Kilcreggan, mucho menos de la Casa Kilcreggan.

Lo que sucedió, en torno a este mismo tiempo, fue que decidimos cambiar nuestro coche viejo por uno mejor, y como parte del incentivo para el cambio, el garaje nos ofreció un segundo coche, junto con el Opel Carlton que queríamos. Era un Fiat Panda. Fue en este pequeño automóvil en el cual nos pusimos en camino para encontrar la Casa Kilcreggan.

Mientras conducíamos por el camino de entrada y vimos la enorme mansión, mi corazón dio un vuelco y sabía que este era el lugar que el Señor quería que tuviésemos. Habíamos quedado en mirar el interior. La casa había estado vacía durante unos cuatro años y olía un poco, pero, a pesar de esto, y el hecho de que la decoración estuviera atrapada en un túnel del tiempo de los 70, ambos nos enamoramos perdidamente de la casa. La

Casa Kilcreggan también incluía toda una variedad de cabañas y edificios fuera y tenía una extensión de más de doce metros cuadrados de tierra.

Lynne, una de nuestras intercesoras en el ministerio había estado orando por nosotros para encontrar el lugar donde tener la base del ministerio adecuada, pero ella no estaba simplemente orando por un edificio grande y vacío. Ella sabía que íbamos a necesitar cosas como camas, vajilla, cubertería, muebles, etc.... La Casa Kilcreggan era como la Marie Celeste. Era como si los ocupantes anteriores, Evangelización Mundial para Cristo, hubieran desaparecido y todo lo que habían estado utilizando se quedó en el sitio para que pudiéramos utilizarlo.

¿Cómo íbamos a poder permitirnos comprar la Casa Kilcreggan? No teníamos dinero, pero una cosa sabíamos a ciencia cierta, y era que si el Señor quería que la tuviésemos, nos sería posible comprarla. Nos fuimos después de unas cuantas horas mirando alrededor, y poco a poco un plan comenzó a elaborarse en nuestro interior. Nos acercamos a EMC y les preguntamos si nos permitirían visitar la Casa Kilcreggan para orar una vez a la semana para confirmar y asegurar que el Señor realmente quería que la compráramos. Se pusieron de acuerdo. En los siguientes seis meses, nuestro 'un día a la semana' se convirtió en casi todos los días. Llevamos grupos de personas hacia allí con nosotros para orar a Dios buscando su dirección. Recopilamos un expediente tan grueso como una guía telefónica que estaba llena de escrituras y las palabras proféticas que el Señor infundió en nosotros. Fue un tiempo increíble.

Jan, una amiga nuestra de The Wirral cerca de Liverpool, se acercó a visitarnos y a orar con nosotros en esta época. Ella nos dijo un día, "El Señor fue muy específico cuando Él te dijo que el lugar que Él tenía para ti tendría setenta habitaciones. ¿Por qué no cuentas las habitaciones que hay aquí?" Nos dedicamos a contar todos los dormitorios, salas de estar y salones. Cuando llegamos a las cabinas de atrás, contamos: sesenta y ocho, sesenta y nueve... ¡setenta! Dios confirmó que estábamos en el lugar correcto.

Durante estos seis meses, el Señor también nos instruyó para crear una institución benéfica, Él nos dijo el nombre: El Ministerio Cristiano del Camino. El nombre tenía perfecto sentido para nosotros, Jesús es el Camino, nuestro apellido es Stanway (way = camino), la iglesia primitiva se llamaba 'los seguidores del Camino' y, durante cuatro años, habíamos sido itinerantes con un curso de lectura de la Biblia llamado El Camino del Espíritu. Trabajamos con los mismos abogados utilizados por el Kingdom Faith Ministries y, finalmente, nuestra institución benéfica fue formada y registrada, en 1997, reconocida como un centro de caridad escocés registrado con el número SCO 27189.

Ahora había una cola de jóvenes en la puerta, recientemente convertidos, de Drumchapel a la espera de un lugar a donde ir para comenzar nuestro curso. No teníamos el dinero para comprar la casa pero, después de hablar con los dueños, nos permitieron alquilarla por un año por un precio de £1.000 al mes. Si después de un año seguíamos sin poder comprarla, la pondrían de nuevo en el mercado para la venta.

Inmediatamente, se llenó la casa con participantes y voluntarios. Teníamos un calendario lleno de actividades diarias desde la mañana hasta la tarde en las cinco áreas clave de nuestro plan de estudios. Teníamos un núcleo de alrededor de veinticinco alumnos hospedados y gente que salía y se unía de forma regular, tal era la inestabilidad de la vida de las personas en nuestra iglesia. También teníamos un creciente grupo de voluntarios maravillosos.

Mientras tanto, el trabajo en Drumchapel continuaba creciendo y desarrollándose. Yo, personalmente, estaba pasando por el proceso de ordenación con las Asambleas de Dios, aunque nuestra iglesia no se parecía en nada a una iglesia pentecostal y tradicional. Yo repartía mi tiempo entre la Casa Kilcreggan, la fundación de un nuevo centro para el curso bíblico y el trabajo en Drumchapel. Cuando se dio a conocer que la Casa Kilcreggan estaba en funcionamiento, empezaron a pedir que celebráramos conferencias de otras iglesias y que lleváramos a grupos de estudiantes extranjeros a Escocia. Como parte de sus actividades nos llevamos a los estudiantes extranjeros a Drumchapel y la experiencia fue siempre una visión más amplia para ellos.

Recuerdo una vez que llevaba a un grupo de estudiantes estadounidenses a Drumchapel y después escuché lo que decían en nuestro mini bus en el camino de regreso a Kilcreggan. "¿Has oído a esos niños? ¡Todos hablaban en lenguas!" exclamaron. Apenas podía contener la risa. Aunque había algunos que hablaban en lenguas de entre nuestros alumons, ¡lo que estos estudiantes habían oído era el murmullo incomprensible de un acento de Glasgow!

Cuando facilitamos conferencias para grupos de iglesias y organizaciones cristianas, nuestros alumnos y nuestros voluntarios se involucraban mucho. Ellos ayudaban a preparar la casa para el grupo que venía y limpiaban después. También servían la comida a los invitados y fregaban los platos. Así fue como se generaron los fondos para pagar el alquiler y las facturas. Fue una preparación para la vida para aquellos que llamaron 'inútiles para el trabajo', y 'vagos drogadictos y alcohólicos'. El Señor me había enseñado en Mijas, "Si alguno no quiere trabajar, tampoco coma." (2 Tesalonicenses 3:10).

La mayoría del trabajo de hospitalidad se hacía los fines de semana, incluso los viernes para la preparación y los lunes para la limpieza. El miércoles era normalmente nuestro día libre. Los martes y los jueves se dedicaban al mantenimiento de la casa y cada mañana nos reuníamos para empezar el día con un tiempo de devoción y oración. No se realizaban conferencias de invitados cada fin de semana. Por lo tanto, cuando podíamos, a veces teníamos nuestras propias conferencias, con oradores invitados. Yo enseñaba hasta dieciocho horas en una semana. Algunas de nuestras conferencias más estimulantes eran las creativas. Eran tiempos de adoración profética, la pintura profética, la poesía profética y la escritura creativa. Invariablemente, el Señor nos daba la melodía y las palabras de una canción nueva y todos habíamos colaborado.

A veces llevábamos a nuestros alumnos al norte de Francia a un lugar llamado Thumeries. La ciudad más cercana era Lille donde teníamos campañas evangélicas, y también en otras ciudades. En Thumeries hay un castillo auténtico con un foso y un puente levadizo. Se llama Chateau Blanc que se remonta al año 1541. Trabajábamos allí en proyectos de renovación. Chateau Blanc es la base francesa para la organización misionera llamada Horizontes del Mundo.

No muy lejos de Thumeries había un lugar que se llamaba Vimy Ridge. En Vimy Ridge más de doscientos mil soldados fueron matados y heridos en sólo cuatro días de combates, en abril de 1917, durante la Primera Guerra Mundial. Queríamos llevar a nuestros alumnos allí para que viesen por sí mismos el enorme precio que nuestros abuelos y bisabuelos habían pagado para ganarnos la libertad que hoy disfrutamos. La Biblia nos manda a "acordarse de los tiempos antiguos" (Deuteronomio 32:7).

Hepatitis C

Durante el año de alquiler, Dios nos presentó a personas que serían claves para la adquisición y el mantenimiento de la Casa Kilcreggan. Bobby, un empresario, nos enseñó cómo crear un plan de negocios y la mejor manera de pedir dinero prestado a los bancos. Conocimos un abogado cristiano y un gerente, también cristiano, de un banco. Ideamos la campaña llamada 'Compra un ladrillo' para ayudar a recaudar el dinero para nuestro depósito y las donaciones empezaron a llegar. El dinero que venía a veces eran sólo unas cuantas libras o, en ocasiones, varios cientos de libras.

Por aquel entonces, se iniciaron procesos judiciales en contra nuestra. Esto fue la causa de un año traumático para Nancy y para mi, lleno de disputas legales acerca de la custodia parental de Israel. Fue un asunto que ponía nuestra fe a prueba. Para nuestra sorpresa y horror, dos de los testigos que testificaban en contra nuestra eran miembros cercanos a la familia que decían ser cristianos. Se pusieron en nuestra contra en el juicio, bajo juramento, y no sólo criticaron nuestra capacidad como padres y el trabajo que hacíamos, sino que también se burlaron y ridiculizaron la Iglesia Pentecostal y la obra del Espíritu

Santo y se burlaron del don de lenguas. Algunos amigos cercanos y familiares nos defendieron en el juicio. Había otros que nos apoyaron en oración, entre ellos algunos intercesores que incluso llegaron a sentarse en la parte posterior del juzgado para orar en silencio.

El año de alquiler estaba llegando a su fin y aunque habíamos logrado bajar el precio de venta £100.000, todavía nos faltaba la £ 50.000 que necesitábamos para el depósito. Una amiga de mi abuela, Betty, indicó que quería ayudarnos. Quedamos en un día para hablar y Nancy y yo fuimos a verla en su casa en Gourock. Ella accedió a darnos un préstamo de £20.000, de hecho, quería regalarnos el dinero. Sin embargo, como ella no era parte de nuestra iglesia y no nos conocíamos bien, hicimos un contrato de préstamo oficial, elaborado por nuestro abogado, haciendo constar que íbamos a devolver el dinero a razón de £1.000 por mes.

Presentamos nuestro plan de negocios, con la ayuda del gerente cristiano, y el banco nos concedió un préstamo por el dinero que faltaba para comprar la Casa Kilcreggan en los próximos diez años. El mismo día que firmamos el contrato de préstamo con el banco, coincidió con el día que nos enteramos de la decisión del tribunal de concedernos a Nancy y a mí la custodia exclusiva de

Israel, un resultado triunfal de un año horrible en el juzgado. Era octubre de 1999.

Una semana después de firmar los documentos del préstamo, Betty de Gourock murió de repente. Betty nunca se había casado, no tenía hijos y su sobrina Josefina era su única heredera y beneficiaria. Cuando se enteró del acuerdo que había entre su tía Betty y nosotros, pensó que habíamos robado a su tía £20.000. Ella exigió que se le devolviera inmediatamente ese dinero. No teníamos el dinero para hacer eso, pero teníamos un documento legal firmado por su tía. Con la ayuda de nuestros abogados, llegamos a un nuevo acuerdo para devolver el préstamo de Betty pagándole £2.000 al mes que, junto con las cuotas de los préstamos bancarios y las de los gastos generales, fue un verdadero desafío a nuestra fe, fue la gracia de Dios la que nos ayudó a hacerlo.

Viviendo en Strathaven, después de un año de chequeos médicos por algunos problemas de salud, se descubrió que yo tenía diabetes. El análisis de la función hepática indicó que yo era un consumidor crónico de drogas o alcohol.

"Ya no", le dije al médico. "Ahora soy pastor y no he tocado el alcohol desde 1993."

"Vamos a hacer más pruebas," dijo.

Se descubrió, después de más análisis, que tenía el virus de la Hepatitis C y el genotipo 1 que era el peor. A veces se llama 'el asesino silencioso'. Al parecer, a la Hepatitis non-A y non-B se le había cambiado de nombre y ahora se llamaba el Hepatitis C. El virus de la hepatitis que había contraído hace unos quince años no había desaparecido, como me dijeron. Permaneció en la sangre y durante todo ese tiempo había estado trabajando para destruir mi hígado.

El médico me envió a una clínica en el Hospital de Ruchill, ahora cerrado, donde hablé con un especialista acerca de un posible tratamiento con interferón y rib-avirina. Esto era el principio de los días de este tipo de tratamiento suave de quimioterapia y se trataba de inyecciones semanales que duraron cincuenta y dos semanas. Estando sentado en el deteriorado recinto del hospital, escuchaba a los drogadictos activos hablar de las tonterías que se hablan cuando se consumen drogas duras, llegué a la conclusión de que yo no estaba tan mal y renuncié al tratamiento.

Durante el tiempo que vivimos en Torrance nunca había visitado a un médico. Sin embargo, cuando nos mudamos a vivir en Kilcreggan, uno de los requisitos solicitar un médico de cabecera era someterse a un examen médico completo. A principios de noviembre de 1999, el doctor me envió a hablar con el Doctor Mills, el especialista en hígado del Hospital General Gartnavel de Glasgow. Él me dijo que tenía cirrosis y que podría ser necesario un trasplante de hígado.

"¿Cuando?" le pregunté. "¿En diez años, más o menos?"

"Tal vez antes", respondió.

"¿Cinco años?"

"Mmmm."

"¿Dos?" le dije.

"En el próximo año" me dijo.

Me quedé pasmado, ¡un trasplante de hígado! Ni siquiera me sentía enfermo.

Durante las Navidades de 1999, de camino a la fiesta de Navidad de los niños en la iglesia de Drumchapel, de pronto me quedé doblado por un dolor agudísimo en el abdomen que jamás había experimentado. Nancy, que conducía la mayor parte del tiempo, me llevó a una clínica en Dumbarton que estaba de camino a Drumchapel y un médico salió a examinarme. Yo seguía retorciéndome en el suelo de nuestro minibús. Él llamó al hospital local, el Vale of Leven, para que me ingresaran

de inmediato. Mientras Nancy me llevaba a toda velocidad, yo me desmayé en la parte trasera del minibús.

En el hospital descubrieron que había tenido una
hemorragia en el hígado y, cuando vieron mi historial
clínico, descubrieron el por qué. Se pusieron en contacto
con el Doctor Mills y la Hermana Spence, su asistente, y
me enviaron rápidamente al Hospital Real de Edimburgo
para que me hicieran pasar por el proceso de evaluación
para un trasplante de hígado. Se me permitió volver a
casa en Kilcreggan durante unos días para celebrar la
Navidad y la Nochevieja con mi familia.

Yo estaba enfermo y nadie tenía ganas de ir al centro
de la ciudad de Glasgow, o unirse a la multitud para
entrar en las juergas de las celebraciones del milenio de
2000. Así que decidimos ir a la iglesia de nuestro amigo,
Bill Mercer, en St Catherines en Argyll.

Llevamos un pequeño autobús lleno de niños, alumnos de la casa, y lo pasamos muy bien. Tenían un orador
invitado, un desconocido para mí, que tenía el ministerio
profético. En un momento durante el procedimiento me
eligió y me miró, "Alguien tendrá que morir para que
usted pueda vivir," él profetizó. Nancy y yo lo tomamos
en un sentido espiritual, y esto significaba que él estaba

hablando acerca de Jesús que murió por nosotros en la cruz del Calvario para que aquellos que creyeran en Él, pudieran vivir para siempre. Por supuesto, echando la vista atrás, ahora sabemos que él hablaba del donante de hígado, que tendría que morir por mí para que yo viviera con su hígado.

A principios de enero fui readmitido en el Vale of Leven Hospital y trasladado a la Unidad de Trasplantes de Hígado de Escocia en el antiguo Hospital Real de Edimburgo. Este era el único hospital que realizaba trasplantes de hígado en Escocia. Pasé la mayor parte de los dos meses siguientes en el hospital, previo a mi evaluación.

Nuestros voluntarios, y los padres de Nancy, ayudaron mucho y ellos hicieron todo lo posible para mantenerlo todo en orden. Nancy, que quería estar a mi lado, tenía que hacer el viaje de regreso a Kilcreggan para pasar allí algunas noches por semana.

Rev. Hugh Black, el fundador de las iglesias Struthers Memorial y un hombre de Dios muy respetado, autor prolífico y apóstol de Escocia, me llamaba casi todos los días y hacia el viaje hasta Kilcreggan una vez por semana para enseñar a los chicos. También algunos de nuestros amigos venían a la Casa Kilcreggan para ayudar en la formación de vida de los estudiantes. Entre ellos se encontraban, el Rev. Dr. John McKay, Rauna May, (una conferencista internacional y un pastor de Vancouver, Canadá) y Judith Butler, una intercesora y maestra en la oración, (que había sido alumna de Gordana Toplak), de Kingdom Faith Ministries.

Se me permitió ir a casa de vez en cuando, pero yo estaba cada vez más enfermo. Mi piel era ahora de color amarillo como un plátano. Las toxinas en mi sangre, que normalmente son eliminadas por el hígado, estaban circulando a través de mi cerebro que me causaba confusión y cansancio. En ese tiempo me fui al norte de Francia en una misión, pero apenas recuerdo nada de ella. Decidimos ir en el aerodeslizador. Sin embargo, recuerdo que los operadores nos cambiaron al SeaCat en el último momento, pero la vuelta fue a bordo del aerodeslizador.

El viaje se conoce como un vuelo y la tripulación como los auxiliares de vuelo. Toda la terminología se parece a la que se usa durante un vuelo. Encontré mi asiento, apreté el cinturón de seguridad y me quedé dormido. Al parecer, hubo una gran tormenta en el Canal de la Mancha que causó turbulencias horribles. Todo el mundo a bordo estaba mareado - todo el mundo menos yo. Dormí tranquilo todo el paseo. El viaje fue algo temerario por mi parte, y sólo la protección divina de Dios me mantuvo con vida en esa misión.

A estas alturas muchos de nuestros amigos se habían dado cuenta de mi condición y la oración comenzó a circular en mi nombre. Esta intercesión crecía a un nivel internacional, con miles y miles de personas orando por mí continuamente por todo el mundo. También, los líderes bien conocidos oraban por mí al empezar sus reuniones grandes.

Mientras estuve en el hospital durante mi evaluación, recibí unas cuantas visitas, entre las cuales estaba el Padre Lorenzo. Él dijo que era un misionero católico que había estado en Brasil muchos años. No sé cómo sabía de mí, pero aparentemente de camino a una reunión sobre el Espíritu Santo en Stirling, Escocia, creía que debía visitarme y pedirme que orara con él.

Yo estaba en la sala de visitas cuando él entró. Los otros visitantes nos dejaron solos. Él se puso de rodillas, en el centro de la sala, y me pidió que pusiera mis manos sobre él y orara por él para recibir el Espíritu Santo de nuevo. Él se puso de pie lleno de alegría y dando gracias a Dios. Después de mi trasplante volvió a verme mientras me recuperaba en la UVI. Una vez más él quería que yo orara y pusiera las manos sobre él. Sin embargo, como yo estaba demasiado débil para levantar mi brazo, sin inmutarse, levantó mi mano y la dejó caer sobre su cabeza. Dije una oración simple y se marchó, sonriendo de oreja a oreja. ¿Todo eso realmente ocurrió? Nancy estaba conmigo y ella lo vio, pero se sentía bastante surrealista.

Durante la evaluación, Nancy y yo nos reunimos con el equipo de veinte personas que estaban implicadas en mi trasplante. Esto nos permitió hacer preguntas, que acogieron con agrado, y nos dieron información muy precisa sobre el trasplante. Esta información proporcionaba, a nuestro ejército creciente de intercesores de oración, objetivos precisos y los milagros comenzaron a suceder. Ahora el equipo de trasplante, los pacientes, los visitantes y nosotros mismos podíamos ver claramente que Dios Todopoderoso estaba en control.

Se descubrió que la vena porta, una de las dos fuentes principales de suministro de sangre al hígado, estaba bloqueada. Nancy lo vio en el monitor del escáner. La vena porta, que tenía el diámetro de un dedo pulgar, se redujo al diámetro del centro de un reloj de arena y sólo chorritos de sangre pasaban a través de él. Sin embargo, se necesitaba más información y se pidió otro análisis. Le dijimos a la gente los resultados y el siguiente análisis ¡no mostró el bloqueo! Lo que mostró fue que el otro suministro de sangre, que llegaba a través de una serie de arterias, estaba bloqueado. Se habló de injerto de otras arterias diferentes de otras partes de mi cuerpo, o incluso usar arterias artificiales. Se hicieron planes para hacer esta cirugía adicional en el momento del trasplante.

Jesse Duplantis, un conocido predicador de los EE.UU., llegó a realizar un evento en Meadowbank Sports Arena, cerca de Edimburgo. Nancy había hecho amigos con los pastores anfitriones, a cuya iglesia había estado asistiendo los domingos, cuando se alojaba en la habitación de los familiares en el hospital. Ella hizo arreglos para que yo fuera invitado al evento y me senté en la primera fila para que Jesse orara por mi situación ya que él sabía donde yo estaba sentado.

Él empezó a hablar de un hombre que estaba allí con insuficiencia hepática. Él pasó a describir con precisión todo lo que estaba mal en mí. Todos nuestros amigos que habían venido a la reunión de Jesse se quedaron muy impresionados porque pensaban que Jesse estaba operando el don espiritual llamado 'palabra del conocimiento' y que Dios mismo le había dado la información precisa a Jesse. Todavía hoy nos reímos de esto. Jesse me pidió que pasara adelante y oró conmigo, con el acompañamiento y la cacofonía de mil quinientos intercesores fervientes. Sentí una mejoría después de la oración de Jesse, pero continuaba como paciente en el hospital.

Trasplante de Hígado

La evaluación en sí duró dos semanas. Después de la evaluación, me avisaron que debería tener un trasplante de hígado.

"¿Cuánto tiempo de vida le queda a Peter?" preguntó Nancy.

"Un máximo de dos meses", respondieron. En su corazón Nancy sabía que, en realidad, me quedaba menos.

"¿Cuánto tiempo se tarda en encontrar un hígado compatible?" preguntó.

"Puede tardar hasta un año."

Me dieron de alta en el hospital el viernes 24 de marzo del 2000, después de que coordinadores de trasplantes hablaran conmigo, y pusieron mi nombre en la lista de trasplantes. Se pondrían en contacto conmigo cuando tuvieran un hígado compatible.

El domingo siguiente me sentía lo suficientemente bien como para predicar en la iglesia (¡no me pregunten de que hablaba!) Y más tarde esa noche, sonó el teléfono para informarnos de que habían localizado un hígado donante compatible y que llegaría una ambulancia en media hora para llevarnos al hospital. Las luces azules y sirenas aceleraron el camino a Edimburgo pero aún así tardamos casi dos horas en llegar. Sin embargo, después de las consultas entre el equipo de trasplante, se decidió que el hígado del donante no era lo suficientemente bueno y me enviaron de vuelta a casa. Nancy gritaba en silencio, "¡No!" a Dios. Ella creía que Dios iba a hacer un milagro sobrenatural, que me daría un nuevo hígado sin necesidad de cirugía. Ahora, a posteriori, sabemos que el Señor nos estaba diciendo que iba a tener un trasplante. Las señales estaban allí en aquel momento en la pequeña iglesia de St. Catherine donde celebramos el Milenio. Sin embargo, Dios no se pondría en acción hasta que Nancy le diera permiso.

A medida que mis riñones se iban cerrando, mi cuerpo se llenaba de líquido. Estaba tomando la cantidad máxima de diuréticos para reducir el líquido. Recuerdo una noche, tumbado en el sofá en casa, miraba incrédulamente a mi pie. Parecía un guante de goma inflado. Nancy lo consideró muy divertido y no podía parar de reír, probablemente a causa de los nervios. Yo no podía dejar de llorar, porque sabía que me estaba muriendo. Cuando se aproxima la muerte, el sistema circulatorio de la persona moribunda comienza a cerrarse. Mi hígado había dejado de funcionar y ahora mis riñones estaban cerrándose.

Durante unos días en la casa, unos cuervos comenzaron a golpear las ventanas. Los golpes eran cada vez más intensos y su golpeteo se convirtió en una paliza violenta hasta que pudimos ver la saliva pegada en las ventanas. Si los ahuyentábamos, simplemente volvían a otra ventana. Nos molestaron tanto que nos pusimos en contacto con la Sociedad Real Para La Protección de las Aves para contarles lo que estaba pasando. Nos explicaron que los cuervos son aves territoriales y, al ver su reflejo en las ventanas, pensaban que se trataba de otro pájaro en su territorio, por lo tanto, volaban hacia su propio reflejo para atacar y ahuyentar 'el intruso'. Dijeron que si poníamos la silueta de un águila en nuestras ventanas, los cuervos pensarían que era un pájaro grande y no lo atacarían. Lo probamos y parece que funcionó, pero el Señor estaba a punto de revelarnos lo que realmente estaba sucediendo...

Justo antes de que Mr. Black llegara a su sesión de enseñanza habitual de la noche del jueves, Nancy cedió y decidió en su corazón que si tenía que ser un trasplante lo que me salvaría la vida, entonces que así sea. Ella se fue con Mr. Black para preguntarle si tenía una 'palabra de Dios para ella' acerca de mi condición. "Nancy, tu sabes que yo no doy 'palabras' a menos que claramente las haya oído de Dios", le dijo. Cuando empezó a predicar, Nancy tuvo una visión de Mr. Black llamándome para la oración y me caí de rodillas a sus pies. Unos minutos más tarde lo que Nancy vio en su visión realmente sucedió. Para su sorpresa, la oración de Mr. Black fue breve y al grano. Simplemente dijo: "Señor, todo lo que vayas a hacer, hazlo con rapidez."

Esa noche, Nancy pensaba que yo iba a morir. Ella permaneció despierta viendo mi respiración superficial que se detenía por completo de vez en cuando. Ella fue al baño a las 5.45 de la mañana y le dijo al Señor, "Haz lo que sea necesario pero no dejes que muera Peter". A las 6.00 horas el busca pitó y llamamos al hospital. Una ambulancia estaba de camino para llevarnos a Edimburgo.

Habían pasado doce días largos y estaba de vuelta en el hospital y, en esta ocasión, el hígado del donante era bueno; el trasplante se llevaría a cabo. Nos encontramos con una persona nueva, K.K. Madhavan, el cirujano que realizaría el trasplante. El cirujano programado para mí ya había hecho otro trasplante durante toda la noche y KK estaba 'familiarizándose' con mi historial médico. ¿Por qué este cambio repentino de última hora? Luego me enteré…

Preparado y listo, me sumí en un lugar tan cerca de la muerte como fue posible sin llegar a morir. Después de una operación de diez horas, estaba conectado a un equipo de soporte vital en la UVI, donde Dios gentilmente me permitió 'pitar y zumbar' mi camino hacia algún tipo de estabilidad. Empecé a recuperarme con fuerza. Pocos días después de la operación le pregunté sobre el extra de injertos arteriales que estaba programado. Se me informó que una vez dentro de mi cuerpo se descubrió que no había ningún bloqueo.

A estas alturas, incluso el más incrédulo, reconocería que Dios tenía mucho que ver con mi bienestar. También acababa de descubrir que si una cirugía adicional hubiera sido necesaria, el Dr. KK Madhavan era reconocido como el cirujano de trasplante de hígado más importante del mundo. Mi Padre me había proporcionado el mejor.

Mientras me recuperaba en la sala 'normal', recibimos una entrega especial de algunas flores raras. Mi amigo Warren, de Londres, había hecho un pedido a una floristería de Edimburgo y, probablemente, nunca las vio. Menos mal, porque no eran muy bonitas. Parecían trífidos de la novela de John Wyndham. A los pocos días estas flores recibieron más visitantes que yo. La gente me hacía preguntas acerca de ellas que yo no podía responder. Una noche, una enfermera, de otra parte del hospital, casualmente pasaba por mi sala e irrumpió con gritos de júbilo.

"No he visto estas flores desde que salí de África." Ella me contaba que eran exclusivas de la República Centroafricana. Empecé a llorar. Sin saber lo mal que estaba, había planeado ir a la República Centroafricana con el amigo Rob, de Horizonte Mundial, del Chateau Blanc en Thumeries, Francia. Nuestra misión habría coincidido con la misma fecha de la operación del trasplante de hígado. Me parecía como si Dios, mi Padre, me dijera: 'No puedes ir allí, así que te envié un pequeño detalle de lo que te estabas perdiendo.'

Cuando los médicos visitaron la sala más tarde, todos se asombraron de lo bien que estaba. Todos ellos reconocieron la mano de Dios en cada detalle y en sus propias palabras, dijeron: "tu fe te ha salvado." El trasplante se llevó a cabo el 7 de abril del 2000. Mi cicatriz parece como si hubiera sido cortado en dos. Han pasado muchos años y he visto muchos más milagros. Ahora vivo una vida muy activa y saludable, y mis chequeos periódicos en el hospital indican que todo está funcionando normalmente. ¡Alabado sea Dios!

Por lo que se refiere al incidente de los cuervos: la primera vez que conocí al Dr. KK Madhavan me recordó a un cuervo, en la medida en que tenía el pelo negro como el azabache, peinado hacia atrás, y la nariz aguileña como el pico de un cuervo. Después de esto, caímos en la cuenta y entendimos lo que el Señor estaba diciéndonos en ese momento.

Elías en la Biblia (1 Reyes 17:6), se encargó de ir a la Quebrada de Querit, donde el Señor le dice que los cuervos le darían de comer mañana y tarde. Los cuervos son aves de rapiña que se alimentan de carne muerta y los hebreos tenían prohibido comer eso según la ley de Moisés. En la historia de la Biblia, Elías se enfrenta con el desafío de confiar en Dios y salir de su mentalidad religiosa.

Dios podría haber hecho que la comida apareciera sobrenaturalmente, como lo hizo con el maná del cielo con los israelitas en el desierto, pero decidió no hacerlo. Él proporcionó verdadera carne, traída por las aves, para el sustento de Elías. Dios estaba diciendo en ese momento, particularmente a Nancy, que iba a proporcionar un hígado real, de una persona real, y usar a gente real (el equipo de trasplante) para mantenerme vivo. Sin embargo, nuestra mentalidad súper-espiritual tenía que cambiar antes de que lo pudiera aceptar. ¡Gracias a Dios!

"Cierra el Edificio"

Después de ser dado de alta del hospital, me recuperé muy bien. Es normal que cada paciente trasplantado tenga una revisión médica, no sólo al principio, sino, durante el resto de sus vidas aunque con menos frecuencia. No me quejo; agradezco el cuidado y la atención que recibo. En el año 2000, cuando recibí mi trasplante, los trasplantes de hígado eran todavía cirugía pionera. En aquel tiempo, sólo en torno a tres personas habían recibido un trasplante de hígado.

Estaba muy contento de estar de vuelta en la Casa Kilcreggan. Sólo habían pasado seis meses desde que comenzó el proceso de compra de la propiedad. Yo había estado en el hospital una gran parte de ese tiempo y Nancy había estado conmigo. Fue un milagro que todas las facturas fueran pagadas, gracias a la provisión de Dios.

Justo cuando lo necesitábamos, un cheque llegó de mi agencia de fotografía con base en Londres, Rex Features. Habían utilizado una de mis fotografías de años atrás como parte de una campaña de anuncios publicitarios y mi comisión era de £1.500. El Señor usó Rex Features con frecuencia para completar nuestros fondos cuando estaban agotados. La campaña 'Compra un ladrillo' todavía estaba en curso y el Señor lo usó para traernos las contribuciones cuando más las necesitábamos. Por supuesto, en aquel tiempo no había instalaciones para conferencias, pero algunos habían pedido información sobre las reservas y eso significaba que había una promesa de dinero en el futuro.

La mayoría de nuestros alumnos estaban desempleados, y muchos nunca habían trabajado. En teoría, podríamos reclamar la prestación de vivienda para ellos, pero el Departamento de Salud y Seguridad Social estaba mal organizado y generalmente tardaban meses en atender cada reclamación. A menudo, nuestros alumnos iban antes de que la reclamación fuera resuelta, y cuando se matriculaban de nuevo con la DSSS en otro lugar, por lo general la cosa se liaba aún más. La mayoría de las veces nos dimos por vencidos sólo para evitar la molestia, pero, de vez en cuando, la reclamación daba resultado, y cuando esto pasaba nos era una gran ayuda.

A medida que el trabajo en Kilcreggan crecía y se desarrollaba, también lo hacía la obra en Drumchapel. Para hacerse miembro de la pandilla local, llamada The Peel Glen Boys, uno de los retos de iniciación para los candidatos era atacar nuestra iglesia. En un principio, esto pasaba por lo menos una vez al mes. Hicimos todo lo posible para detenerlo; tapiamos todas las ventanas de la planta baja y pintamos el techo plano con una pintura especial anti-robo, la que no se secaba. Disminuyó el número de veces que tuvimos que ir a limpiar el desorden, pero no les impidió seguir intentándolo.

Me esforcé para que nuestra iglesia se ajustara a lo que las Asambleas de Dios llamaba 'iglesia', pero no sucedía así. Hicimos el Curso Alpha, abrimos una cafetería en determinados días, organicé un equipo de fútbol, teníamos reuniones bastante tradicionales los domingos, pero esto no fue lo que las personas que trabajaban con nosotros necesitaban. Con el tiempo me ordené como el Reverendo Peter Stanway pero la iglesia nunca obtuvo el estado 'ADD'. Se hacía evidente que nuestra iglesia era más una 'estación misionera' en vez de una iglesia tradicional.

Una noche, cuando unos setenta niños de la Iglesia Juvenil estaban en el edificio, la lluvia entró por el techo plano dañado y golpeó la caja eléctrica principal. Hubo un chispazo y todas las luces se apagaron, pero afortunadamente, nadie resultó herido. Me puse a reparar el daño, sustituyendo los fusibles quemados y pensé, 'nunca volverá a suceder.' Me equivoqué. Exactamente lo mismo sucedió la noche siguiente, y el Señor me dijo, "cierra el edificio".

"¿Cerrar el edificio? ¿Qué haría yo si la iglesia cerrara?" Sin embargo, yo sabía que Dios me había hablado y no me dejó otra alternativa. Tenía que hacer lo que Él me dijo, así que cerré el edificio. Con el corazón compungido, mientras bajaba la persiana de la puerta principal, Dios me habló de nuevo. Me dijo: "Te estoy dando una estrategia básica como la de la educación. No 'la lectura, la escritura y la aritmética sino la reparación, la reconstrucción y la renovación."

Me pareció a mí que esto significaba la preparación del edificio de la iglesia para utilizarla de nuevo: la reparación, la reconstrucción y la renovación; pero, después de un tiempo, me di cuenta de que sí, era una estrategia práctica, pero que también tenía un significado espiritual más profundo. Se refería, inicialmente, a la gente, de Drumchapel, pero más tarde significaba la misión del Señor hacia las personas por todo el mundo.

Teníamos que 'reparar' las vidas rotas, y ofrecerles ayuda práctica. Teníamos que 'reconstruir' la falta de autoestima con afirmación y esperanza para el futuro.

Teníamos que 'renovarles' al verles conocer a Jesús y nacer de nuevo. Sin embargo, en los primeros días, un grupo nos pusimos a orar por lo que el Señor estaba diciendo acerca de preparar el edificio para que estuviera listo su uso.

Otro Tipo de Pobreza

Durante este tiempo, el Señor hizo que cayéramos en gracia a las panaderías llamadas Greggs. Empezamos a recoger los alimentos caducados que no se podían vender al día siguiente y lo distribuimos en bolsas a las personas en nuestra área de Drumchapel. Al principio la gente sospechaba, preguntando cuál era la 'pega', pero no había 'pega'. Yo llegué a conocer y amar a esta gente y el Señor me mostró que eran extremadamente pobres. Hay una pobreza que existe en el mundo occidental que no se crea por la falta de dinero, sino como resultado del mal uso del dinero.

La mayoría de las personas con las que trabajábamos dependían de un cheque de desempleo pagado por el DSSS. Independientemente de la cantidad, este cheque se gastaba tan pronto como se cobraba. Esto significaba que no había dinero para cubrir las necesidades hasta que el próximo cheque llegara. A veces, en la desesperación, la gente iba a un prestamista que cobraba intereses exorbitantes sobre el préstamo que debían devolver.

Cuando la presión era demasiada, los deudores a menudo recurrían al alcohol o las drogas para aliviar el estrés. Por supuesto, esto sólo agravaba el problema que a menudo conducía a la dependencia de las drogas. La presión ejercida por el prestamista y los camellos (a veces la misma persona), a menudo provocaba una 'oferta' para al deudor. Una cantidad de drogas que se les daba para vender para así saldar la deuda pendiente, que ahora era, debido al incremento del interés, demasiado alta para devolver. Debido a la adicción del deudor, este acabaría consumiéndolas en vez de venderlas, lo que significaba que cada vez estaba más endeudado. Ahora las cosas se pusieron realmente mal.

A menudo, con la esperanza de saldar la deuda, al deudor no le quedaba más remedio que cometer graves delitos planeados por los criminales con los que estaba en deuda, como el robo de un banco u oficina de correos, saldar un viejo trato que tenían con alguien, etc.... Otras rutas conducían a la prostitución o al tráfico de drogas. Por lo tanto, se puede ver que toda la ayuda que pudiéramos darles a estas personas desesperadas era buena.

En ese momento yo gozaba del favor tremendo entre la gente con la que estaba trabajando. Tenía la libertad de abrir la puerta y entrar en sus casas. Me respetaban por el trabajo que estaba haciendo y a menudo dejaban lo que estaban haciendo para hablar conmigo. Muchos me pidieron que orara por sanidad o problemas personales/familiares. Muchos oraron por la salvación. Uno de los camellos se llamaba Andy y yo lo visitaba frecuentemente en su casa. Mientras estaba allí, había un golpeteo constante en la puerta. Andy por lo general mandaba a alguien a abrir la puerta e invitaba al cliente a entrar. Al rato había un grupo desesperado de adictos 'colgados' sentados en la sala de estar. Estaban desesperados por comprar drogas, pero en cambio tenían que soportar la conversación entre su camello y yo.

Por último, Andy sugirió, "¿Por qué no dejan que el ministro ore por ustedes? Peter, ¿por qué no oras por ellos de la misma forma en que oraste por mí?"

"Esa idea es brillante" dijo Sharon, la novia de Andy.

Antes de que se dieran cuenta, estaba orando por todos individualmente y poniendo las manos sobre ellos. Una inmensa paz les inundó y llenó la habitación. Se fueron sin sus drogas, pero sí tuvieron un encuentro con Jesús. Conocí a muchos de ellos más tarde en las calles o en las casas de otros y todos ellos recordaron el momento en que oramos y 'algo pasó'.

Estas no eran ocasiones únicas. Eran parte de nuestra vida cotidiana y el trabajo en Drumchapel. Los niños formaron parte de nuestro equipo ministerial. Además de la entrega de las bolsas de comida a las viviendas, los niños también se reunían conmigo cada vez que alguien se acercaba a la camioneta para la oración. Al aumentar el número de las panaderías que colaboraban, podíamos dar suficientes bolsas de alimentos a doscientas familias durante cuatro o cinco días a la semana. Rotábamos entre las familias que tenían mayor necesidad. En los días en que no distribuíamos la comida, llevábamos tazas de sopa y pan. Finalmente, esta cifra llegó a diez litros de caldo casero, que Nancy hacía, y muchas bolsas de pan cada día.

Algunas familias tenían más de diez niños. Muchas fueron familias mono parentales, pero no todas. La mayoría de la gente prefería tener una pareja, a veces por la seguridad, pero sobre todo por la compañía. Esto podía ser a veces una relación inestable, pero tendían a permanecer juntos en las buenas y en las malas (como fue el caso de mis propios padres).

Otro factor entre las personas que componían nuestra congregación era la 'mentalidad de vecindad'. Tradicion-almente, Glasgow es una ciudad de viviendas sociales de arenisca roja. En los distintos rellanos, o niveles, de las tres o cuatro plantas de las viviendas, había tres o cuatro apartamentos. A menudo, todas las personas que vivían en las viviendas eran parientes; hermanos, hermanas, hijos, hijas, tías, tíos, sobrinas, sobrinos y primos, y luego estaban los hermanastros y las hermanastras etc....

En los años 60 se introdujo un programa gubernamental que trataba de despoblar el centro urbano y trasladar a la gente a una 'zona verde' en las afueras de la ciudad. Así se desarrollaron los barrios de Castlemilk, Easterhouse y Drumchapel. Aunque no había apartamentos, la mentalidad vecinal prevalecía. Ahora se extendía a toda la calle. Cada vez que una casa en la calle quedaba disponible, un pariente conseguía que se le adjudicara a otro familiar. Esto significaba que dentro de nuestra zona de captación de unas 2.500 personas había sólo cien familias.

Esto tenía sus pros y sus contras. Lo bueno era que no hacían falta folletos para anunciar nada. Bastaba con decírselo a los miembros influyentes de la familia, y la noticia se extendía como la pólvora. Lo malo era que había frecuentes peleas familiares que daban lugar a ejercer su propio estilo de control policial. Por lo general, se resolvían los problemas dentro de la familia, pero en ocasiones, estos se convertían en batallas, avivadas por el alcohol y las drogas, lo que les llevaba a verdadera batallas campales. El uso de machetes y navajas era lo habitual.

Después de la orden de "cerrar el edificio", seguía visitando a mi congregación, pero ahora pasaba más tiempo en la oración, en la lectura de la Biblia y en escuchar a Dios. También podía dedicar más tiempo a nuestros alumnos. Al poco tiempo, surgió una estrategia. Después de la oración específica, iba a los negocios que vendían los recursos que necesitábamos: madera, pintura, azulejos, alfombras, montaje, instalaciones, etc. Si la persona que me abría la puerta tenía la autoridad para darme lo que yo buscaba, entonces yo sabía que estaba en el lugar correcto en el momento adecuado, pero, si se tratara de otra persona, podía haber estado en el lugar correcto, pero en el momento equivocado. Si eso sucedía, me disculpaba diciendo que volvería otro día.

Dios nos bendijo con toda clase de recursos. Renovamos por completo nuestro edificio de la iglesia con un nuevo techo plano; un bloque sanitario, con duchas, decorado de azulejos italianos; un nuevo vestíbulo con techo de pino y luces especiales. El santuario principal fue pintado por completo y equipado con alfombras nuevas en todo el edificio. Decidimos dar un nombre nuevo a la iglesia, Iglesia de la Comunidad de Drumchapel. Las bendiciones y la provisión de Dios hacia nosotros no se detuvieron con sólo lo que necesitábamos para la renovación del edificio de la iglesia.

"Yo Te Bendeciré"

Cuando Nancy y yo nos fuimos a ministrar en Drumchapel, a pesar de la oposición, Dios nos dio una visión de la obra. Nancy le pidió al Señor el significado de 'avivamiento'. El Señor le mostró una foto de Drumchapel en blanco y negro. Mostró jardines descuidados con juguetes rotos; ventanas sucias con cortinas sesgadas; niños pobres, con la ropa andrajosa. Pero mientras la veía, la foto cambiaba de monocromo a una de color y los jardines se veían limpios y ordenados. Las ventanas tenían las persianas y cortinas modernas, y los niños, ahora vestidos con buena ropa, se veían felices y saludables.

Casi al mismo tiempo el Señor me habló de Drumchapel, que se convertiría en una zona deseable, con viviendas nuevas y modernas, e incluso la construcción de viviendas privadas donde la gente compraría casas en la zona (Isaías 58:12 ... serás llamado reparador de paredes rotas, restaurador de calles con viviendas.) Mientras hacían los trabajos de reparación en nuestro edificio de la iglesia, se anunció que Drumchapel había sido designado como un área de depravación social y así recibió millones de euros del Fondo Social Europeo. Este dinero se utilizaba para la construcción de nuevas viviendas, escuelas e instalaciones recreativas. Promotores inmobiliarios del sector privado comenzaron a interesarse y después de cinco años, culminando el año 2005, la transformación de la zona era increíble.

Durante ese tiempo, a las familias que debían trasladarse a una casa nueva se les dio un subsidio de reasentamiento de alrededor de £750. Para ellos, este golpe de suerte fue como si les hubiera tocado la lotería. El dinero estaba destinado a la compra de nuevos muebles, alfombras y otros artículos esenciales para su nuevo hogar. Neciamente, les pagaron unos meses antes del día de la mudanza y cuando llegó el día, el dinero se había gastado.

Durante la reforma, el edificio de la iglesia estaba cerrado al público, pero nuestro equipo lo utilizaba para empaquetar los alimentos antes de su distribución. A finales de las reformas, los recursos seguían llegando. Nos dimos cuenta de que estos recursos 'extra' servían para ayudar, a las familias que habían gastado el dinero de la subvención, a decorar y amueblar sus nuevas casas.

Dios es un Dios de abundancia y con la estrategia de oración que el Señor nos dio, conocimos a muchas empresas y comerciantes que estaban muy dispuestos a ayudarnos. A cualquier ayuda siempre le seguía una carta de agradecimiento a la persona o empresa que nos había ayudado. Nos aseguramos de que comprendieran que estábamos orando por ellos y por la bendición de Dios según la Palabra en Génesis 12:3, "Bendeciré a los que te bendigan". Uno de ellos era una empresa de alfombras que proporcionaron las alfombras para las grandes exposiciones en el Centro Escocés de Conferencias y Exhibiciones en Glasgow.

Nos dieron algunos de los retales que bastaban para alfombrar nuestras oficinas en la iglesia. Como siempre, cuando los recursos se agotaron, teníamos que volver y pedir más. Cuando volví a la empresa de alfombras, el jefe de obra, Sandie, se acercó a decirme que el director había recibido nuestra carta de agradecimiento y había dejado instrucciones de hacer todo lo posible para ayudarnos.

"Qué bien", le dije inocentemente.

"No, Peter, me parece que no lo entiendes. Tengo que hacer todo lo que pueda para ayudarte. ¿Sabes lo que significa eso?"

"Pues no", le contesté.

"Nosotros te podemos dar hasta medio millón de metros cuadrados de alfombra al año..."

Intenté imaginar medio millón de metros cuadrados de alfombra. Pensé que, si la mitad de la población de Glasgow podría reunirse en un mismo sitio y se juntaran hombro con hombro y pecho con espalda, harían alrededor de medio millón de metros cuadrados. ¡Caramba!

A partir de entonces recibíamos una llamada telefónica de Sandie diciéndonos cosas como, "Tengo diecisiete mil metros cuadrados de alfombra de una exposición médica. Apenas la han pisado, ¿lo quieres?"

El problema era que todas las alfombras tenían que ser recogidas casi de inmediato y tenían que ser almacenadas por nosotros. Contraté un contenedor grande de acero y lo colocamos en el aparcamiento de nuestra iglesia. Cuando debíamos hacer una recolección, llamaba a todo el mundo que podía para que nos ayudara y así transportamos las alfombras de Finnieston a Drumchapel, a veces en una furgoneta alquilada, pero más a menudo en nuestro minibús blanco.

La noticia se extendió rápidamente y acabamos ayudando hasta los beneficiarios de asistencia social por todo Glasgow, así como dando alfombras a las iglesias y

los proyectos comunitarios en toda Escocia. En Drumchapel habíamos alfombrado más de seiscientos cincuenta casas de forma gratuita.

Tras un año de entrar y salir de B&Q, (una tienda de
bricolaje), designaron un rincón del patio de su tienda
para nosotros. Yo iba allí una vez por semana y recogía lo
que había. Nos dieron paletas de pintura, azulejos, salas
de baño y mucho más. La Iglesia de la Comunidad de
Drumchapel cada vez parecía menos una iglesia tradicional.

Me convertí en el capellán de la escuela primaria más
grande en Drumchapel, la Escuela Primaria Pinewood.
Me invitaron cada semana a llevar la 'asamblea', la
reunión general de todos los alumnos. Me llevaba bien
con la directora Moira. A ambos nos encantaban los niños
y teníamos una idea de sus necesidades y sus antecedentes. Me invitaban a los días de formación de los
profesores, siempre y cuando hubiera algo especial, para
que todos hiciéramos lo mismo. Desafortunadamente,
después de un año más o menos, Moira tuvo un accidente que la mantuvo fuera de la escuela durante tres
meses. En su ausencia, el Subdirector hizo cambios que
afectaron mi situación allí y cuando regresó Moira, era

259

evidente que estaba siendo obligada a dejar de trabajar con nuestra iglesia.

Inquebrantables

Declan tenía unos cinco años cuando le conocí. Era un niño hiperactivo, descarado, cuyos padres estuvieron diecisiete años enganchados a las drogas. El padre de Declan estaba en la cárcel por un crimen que no cometió (robo a mano armada de una camioneta de helados), pero no le importaba porque compensaba por los delitos que sí había cometido y por los que no fue condenado.

Declan robó un poco de dinero de la bolsa de su madre y se fue en bicicleta a McDonald 's en Clydebank (una distancia de unos cinco kilómetros, de ida y vuelta, y con mucho tráfico). Quería comprarse un 'Happy Meal'. ¿Quién puede culparlo? Yo podía visitar a Andy, el padre de Declan, (sí, el mismo Andy, el camello de unas pocas páginas atrás) en la cárcel casi todos los meses y nos reuníamos para los estudios de la Biblia. Él estaba en forma y libre de drogas. Cuando salió de la cárcel, después de casi cuatro años, sólo tardó unos tres días en volver a su antigua forma de vida.

Andy consiguió un trabajo como vigilante de una empresa de seguridad que era responsable de los sitios en construcción de las obras nuevas. Una noche, para protegerse del frío, subió los pocos escalones hacia la garita del vigilante. Alguien le había seguido en silencio, le empujó y le apuñaló con una espada que entró por un lado y salió por la axila. De camino al hospital se desvaneció dos veces debido a la pérdida de sangre. Cuando Nancy y yo le visitamos en el hospital al día siguiente, le encontramos afuera a la intemperie, vestido con una bata de hospital y con zapatillas baratas, fumando un cigarrillo (liado). La gente de Drumchapel tiene mucha resistencia. Parecen de otra raza.

Del mismo modo, los niños que jugaban en la calle salían sin importarles el tiempo que hacía. Los niños se vestían sólo con una camiseta y pantalones vaqueros y las niñas llevaban vestiditos cortos. Parecía que no sentían el frío.

Hubo dos turnos en Drumchapel; el turno de tarde y el turno de noche. El turno de tarde era en el que los niños salían a jugar al llegar a casa después de la escuela. Había niños y jóvenes que se juntaban en las calles; los chicos jugaban al fútbol o las niñas con sus muñecas y cochecitos de niño. A eso de la medianoche, el turno de tarde desapareció para dar paso al turno de noche: los niños y jóvenes deambulaban por las calles, los chicos jugaban al fútbol y las niñas con sus muñecas y cochecitos. El camión de helados circulaba por la urbanización toda la noche. No había turno de mañana.

Johnny llegó primeramente a la iglesia llevado por la policía. Lo habían encontrado en la calle haciendo novillos de la escuela. A los once años, Johnny sólo había estado en la escuela un total de siete meses. Empezamos a enseñar a Johnny con el plan de estudios que usamos con Israel, nuestro hijo, pero no parece que sirvió de mucho. Una noche, cuando estábamos a punto de irnos a casa, Johnny corrió hacia la iglesia en estado de pánico. Quería que fuéramos a su casa de inmediato.

Linzi, la madre de Johnny, junto con su hermano mayor y su hermana, vivían en un edificio abandonado y eran los únicos ocupantes de la calle. Los ocupantes originales se estaban preparando para mudarse a una casa nueva. Linzi se quedó protestando porque no le gustaba la casa que el ayuntamiento le había ofrecido. No era una casa nueva, sino su casa antigua que había sido redecorada después de un incendio. No había sistema cerca, así que la corriente para la calefacción, la cocina eléctrica y la luz provenía de un cable improvisado de una farola fuera de la casa.

La puerta de la casa había sido pateada con tanta frecuencia que no valía la pena ponerle un cerrojo más. Aquella noche había sido visitado por un 'bicho raro' que exigía saber dónde estaba su ex-novio. Linzi dijo que no lo sabía y ese hombre comenzó a abofetearla y la amenazó, diciendo que tenía media hora para acordarse antes de que volviera. Le oyó bajar por la escalera, riéndose con sus amigos en la oscuridad. Ella pensó para sí, mientras se acercaba a la luz, "debo estar muy nerviosa porque estoy sudando." Cuando se secó la cara con las manos, se dio cuenta de que estaban cubiertas de sangre. Mientras él le abofeteaba, ese monstruo le cortaba con una cuchilla. Ella comenzó a lavarse. En ese momento, Johnny llegó a casa.

Antes de que tuviera tiempo para recuperarse, oyó la risa sardónica y el sonido de pasos en el rellano. Ella corrió a la cocina y cogió la freidora que había estado encendida todo el tiempo para calentar el aceite para las patatas fritas. El aceite ya estaba hirviendo y ella corrió a la puerta justo cuando su visitante desagradable la abrió. Con toda la fuerza que pudo, tiró el aceite sobre él. El tío salió corriendo por las escaleras, y esta vez no se reía, sino que gritaba.

Envió a Johnny a buscarme. Nancy y yo fuimos de prisa a ver Linzi. Hicimos todo para consolarla y oramos por ella. Ella aceptó a Jesús esa noche. Al cabo de una semana, Linzi y toda la familia fueron realojados en otra parte de Drumchapel.

Drumchapel estaba continuamente cambiando; la gente iba y venía rapidísimamente. Lamentablemente, la gente moría muy a menudo, a veces por sobredosis accidental, asesinato o suicidio. Jim y Robert eran hermanos de once y nueve años. Ayudaban mucho con el trabajo de reparto de alimento, y siempre unos de los primeros en la puerta esperando la descarga de las bandejas de la panadería. Trabajaron muy bien y con una buena actitud. Durante un período de unos dos meses les veíamos todos los días que estábamos en Drumchapel; luego desaparecieron. Pregunté y me enteré que se estaban quedando con su tía, en Inglaterra. Una noche, al volver a su casa después de la iglesia, encontraron a su padre ahorcado, en la cocina. Triste, muy triste.

Otro día, cuando yo salía de la escuela después de una reunión, me di cuenta que había dos agentes de policía, un hombre y una mujer, en medio de un trozo de hierba, con un poco de cinta policial azul y blanca movida por el viento. Al fijarme un poco más, me di cuenta de que el cuerpo de un hombre semidesnudo yacía muerto a sus pies en el suelo. Llamé a la escuela y les dije que mantuvieran a los niños en el cole hasta que el cuerpo hubiera sido retirado. Aquí no había nada que cubriera la escena, el cuerpo estaba a la vista de todo el mundo. Estos eventos fueron muy comunes, tanto que, lo que solía ser la noticia de primera página en el periódico nacional, ni siquiera llegaba al periódico local.

A veces, iba a visitar al viejo Matt, que además de encontrarme con él en su 'sala de beber', estaban también Donna y sus dos preciosas hijas, una tenía dos años y la otra todavía estaba en un cochecito de bebé. Donna era alcohólica y amaba a sus hijas, pero las garras del demonio del alcohol le tenían anclada. Con el tiempo las hijas fueron internadas en un centro de protección de menores por las autoridades. Donna estaba angustiada y odiaba a los trabajadores sociales, a los que culpabilizaba, al igual que la mayoría de las personas en Drumchapel. Casi todos vivían en constante temor de que sus hijos fueran internados.

Natalie se quedó embarazada de un novio que se desentendió del tema. Ella consideró seriamente abortar e hizo planes para hacerlo. Por la noche, antes del aborto, Natalie tuvo un sueño en el que yo le dije que no abortara. Escuché esta historia por primera vez mientras yo mantenía a la pequeña Emma en su silla de bebé. Me eché a llorar al pensar que ella podría haber sido otra víctima de una muerte innecesaria en Drumchapel.

William y su hermano asesinaron a un niño en plena luz del día. Le golpearon hasta la muerte con un bate de béisbol. Había muchos testigos que vieron lo que ocurrió. Ellos eran culpables. Les pusieron en libertad bajo fianza. A la espera de juicio, William se volvió loco. Pasaba la mayor parte del tiempo 'colocado' con las drogas y el alcohol. A menudo, cuando estaba bajo los efectos, solía entrar en la casa de cualquier persona, desconectaba el televisor y / o el vídeo, (a veces, mientras lo estaban viendo) y salía con ello bajo el brazo para venderlo y conseguir más drogas y alcohol. Todos le odiaban: la comunidad y la policía, pero a William no le importaba.

Cuando estaba tan colocado que no podía ponerse en pie, la gente aprovechaba la oportunidad de descargar su odio contra él. La cara y el cuerpo de William estaban llenos de puñaladas y cortes. A menudo le veía deambulando por las calles de Drumchapel. Un día, mientras yo estaba repartiendo alimentos, se acercó a nuestro minibús y pidió oración. Nos agrupamos en torno a él y oramos. Empezó a llorar y se cayó bajo el poder del Espíritu Santo. Llegó el día del juicio y a William y a su hermano les declararon inocentes. Nadie, incluso William, se lo podía creer.

Para los chicos que querían ayuda, pero aún eran adictos activos, estábamos colaborando con un centro de rehabilitación que formaba parte de Teen Challenge, 'El Refugio', Kilmacolm, en las colinas detrás de Greenock. Una mañana temprano, yo recogía a Nathan para llevarle allí cuando William se presentó y me preguntó si podía ir también. Me llevé los dos conmigo, para poder evaluarles al mismo tiempo, pero yo sabía que no ingresarían juntos. Esto se debió a que eran dos personas de la misma área y que se conocían anteriormente. Ambos fueron evaluados y a Nathan se le ofreció un lugar en El Refugio de inmediato y a William se le ofreció un lugar en Teen Challenge, en Londres.

Le reservamos un billete y organizamos todo para que le recogieran en Londres y, para la sorpresa de todo el mundo, comenzó el programa. Se quedó más de 18 meses durante los cuales se trasladó a la base principal de Teen Challenge, en Gales. Regresó a Escocia para presentarse ante el tribunal, por los delitos del pasado, y durante estas temporadas, se quedaba con nosotros en la Casa Kilcreggan. Empezaba a organizar bien su vida hasta que conoció a una chica en Teen Challenge en

Gales y se fugó con ella. Con el tiempo se separaron y terminó de nuevo en Drumchapel.

Nathan no se quedó en El Refugio. Se marchó después de unos días y volvió a Drumchapel donde se alojó con su madre, Leah. Nancy y yo visitábamos a Leah con frecuencia. Ella llegó por primera vez a la iglesia para el bautismo de Nathan y nos mantuvimos en contacto. Ella era dependiente de drogas prescritas. Por un breve período de tiempo ella tuvo un novio y quedó embarazada. Su hija Lily nació ciega e inmediatamente fue internada en un centro. Leah tenía otros dos hijos pequeños: Justin, de unos doce años, y Kayla, que tenía diez. Los dos ya estaban internados. Nathan era el más joven de los tres hermanos adultos. Era a él a quien la policía detenía cada vez que no estaban seguros de quien era el culpable de un delito en la zona. Era muy posible que estuviera involucrado de alguna manera. Así que él pasaba bastante tiempo en la cárcel; sin embargo, en el fondo, Nathan era buen chico. Imagínese mi sorpresa cuando, años después, me llamó por teléfono para decirme que ya había dejado las drogas. Quería unirse en matrimonio y me preguntó si yo pudiera hacerle el honor de casarles. ¡Qué privilegio! Le dije: "¡Por supuesto que sí!" Ahora está casado y muy feliz.

El único matrimonio casé en la iglesia en Drumchapel fue la boda de Ella y Jack. Eran una gran pareja que tenían un niño pequeño, hiperactivo, también llamado Jack. Ella llevaba al pequeño Jack a la iglesia todos los domingos y nos ayudaba mucho con la distribución de alimentos. Su esposo Jack era drogadicto y estaba en un programa de metadona. Ella no era toxicómana pero fingía adicción para que la pusieran en el programa de metadona para aumentar la dosis de Jack. Después de unos años, Ella también se convirtió en adicta a las drogas y los dos se divorciaron. Apenas unos días antes de ingresar en un centro de rehabilitación en Inglaterra, Ella se suicidó saltando desde la ventana del apartamento donde vivía. Fue muy trágico y el funeral fue traumático.

La Reincidencia Puede Costarle las Orejas

Ethan apareció de la nada. Era un muchacho de Drumchapel que se convirtió en su juventud en la Iglesia Presbiteriana Escocesa de su ciudad. Conoció a una chica americana, Ángela, que formaba parte de una misión de los EEUU a esa iglesia. Se enamoraron y más tarde Ethan fue a los EEUU y se casaron. Poco después del nacimiento de su tercer hijo, Ángela murió y Ethan regresó a Escocia con sus tres hijos.

Ethan y los niños se instalaron con su amigo, Jacob, que vivía en nuestra zona de Drumchapel y todos ellos empezaron a asistir a la Iglesia de la Comunidad de Drumchapel. Ethan estaba cada vez más involucrado con el trabajo en la iglesia y frecuentemente dejaba a los niños bajo el cuidado de Jacob. Era demasiada responsabilidad para Jacob, ya que no tenía experiencia previa con los niños. Lamentablemente, no pasó mucho tiempo antes de que Jacob, y Ethan, volvieran a su antigua forma de vida. Una noche, Ethan y Jacob estuvieron de juerga y terminaron en un estupor inducido por las drogas y el alcohol. Discutieron y se pelearon. Jacob volvió a su casa primero y cuando Ethan intentó entrar más tarde, Jacob le atacó y mordió ambas orejas. Jacob terminó en un hospital psiquiátrico y Ethan recibió, durante muchos meses, asistencia socio-psicológica después del trauma. Ethan se quedó en Kilcreggan por un tiempo, animado por sus padres mientras ellos cuidaron de sus hijos para que aprovechara de la oportunidad. Hizo el curso de FPV.

Con el tiempo, Ethan se graduó en el Instituto Bíblico de Andrew Womack, en Inglaterra. Allí conoció a otra estudiante, Sofía, de Hungría, y se casaron. Hoy en día, ministran juntos para la gloria de Dios. Sin embargo, vale la pena recordar que la reincidencia te puede costar las orejas...

Richard fue mi compañero constante durante el tiempo de evangelismo en Drumchapel. Empezó a trabajar conmigo cuando él tenía doce años y se quedó conmigo todo el camino. Tenía todos los ingredientes para convertirse en pastor. Era un niño encantador, sensato y trabajador. Le encantaba ayudarme y estaba desarrollando una gran relación con Jesús. Quería ser policía cuando salió del colegio, pero no aprobó el examen, por lo que comenzó a trabajar en un supermercado y se convirtió en el gerente de la tienda en Drumchapel. Conoció a una chica agradable y comparte un apartamento con su hermana y su hijo. Estoy seguro de que Dios va a usar a Richard para Su gloria. Trato de mantenerme en contacto con él y su madre.

Gertie me amaba. Ella llegó por primera vez a nuestra iglesia, a través del Ejército de Salvación, con su amiga Mary. Mary tocaba el piano y Gertie cantaba. Ellas eran grandes amigas. Poco después de que las bautizara, Mary se perdió una serie de eventos en nuestra iglesia y Gertie empezó a preocuparse. No hubo respuesta en la puerta de su casa y eso alertó a la policía. Lamentablemente, encontraron a Mary muerta en su silla.

Incluso cuando la policía tomaba declaraciones, Gertie procuró no decir su edad. Ella era muy teatral, extravagante y algo excéntrica. Cuando llegó el momento para realojarse, ella aceptó de mala gana mi ayuda para trasladar sus pertenencias. Ella me había advertido que tenía una colección de muñecas.

"No será para tanto", le dije. "¿Dónde están?"

"Al final del pasillo, la última habitación de la derecha."

En la vida podría haberme imaginado lo que estaba a punto de ver. Abrí la puerta y entré. Sentí como un intruso irrumpiendo sin aviso en su mundo privado. Más de 300 pares de ojos me paralizaron con su mirada. Todos ellos tenían una sonrisa valiente. Sentí la necesidad de disculparme. Algunas de pie, otras sentadas, una tocaba el piano, otra estaba vestida de novia.

Cuando Gertie murió, tuve el honor de encargarme de su funeral. A medida que los portadores del féretro llegaban con su ataúd, imaginaba un rastro de lentejuelas detrás de ellos. Nos sorprendió a todos descubrir su verdadera edad, veinte años más de lo que ella nos contó. Sin embargo, yo no te puedo decir su edad, ese es su secreto.

De vez en cuando, la gente me decía que estaba perdiendo el tiempo, trabajando con todos aquellos 'derrochadores' en Drumchapel, pero yo sabía que Dios me había colocado allí. Sabía que aquellos que se convirtieron al cristianismo no siempre se ajustaban a la imagen popular de un cristiano. A veces, su estilo de vida no había cambiado mucho, pero yo sabía que habían experimentado un encuentro genuino con Dios y que el proceso de la santificación había comenzado. Estoy convencido de que me voy a encontrar con muchos miembros de mi congregación de Drumchapel en el cielo.

Había muchos bautismos de agua en nuestra pila bautismal en Drumchapel. Queríamos hacer de cada bautismo un evento muy especial e invitábamos a todos los amigos y familiares de los candidatos. Bautizábamos unos seis creyentes cada dos semanas, muchos de los cuales eran niños escolares. El requisito para el bautismo era que la persona fuera nacida de nuevo y que entendiera completamente lo que estaba haciendo.

Un día, un niño de unos ocho o nueve años, a quien yo nunca había visto antes, llegó a uno de nuestros eventos de bautismo con una toalla bajo el brazo.

"Hola, ¿cómo te llamas?" le pregunté.

"Lucas", respondió.

"¿Qué te trae aquí esta noche, Lucas?"

"Yo voy a ser bautizado," dijo con orgullo.

"¿Conoces a alguien aquí?", le pregunté.

"My prima, Sandra. Ella fue bautizada la última vez y me lo contó todo."

Encontré a Sandra, una chica encantadora de once años de edad, y le pedí que le dijera a su primo Lucas todo acerca de Jesús. Unos diez minutos más tarde, Sandra se acercó con Lucas y me dijo, "Quiere ser salvo." Oré con Lucas para que recibiera al Señor y fue bautizado con los demás esa misma noche.

Tommy Thomson llegó por primera vez a unirse a nosotros en el Instituto Bíblico de Drumchapel en 1997. Fue alumno del FPV en la Casa Kilcreggan y luego fue el Director de la Juventud para la Iglesia Juvenil en Drumchapel. Tommy era un payaso profesional cristiano conocido como Clownbo. Él regularmente ayudaba con la distribución de alimentos. Tommy era la generosidad personificada, y entre nosotros se nos ocurrieron algunas formas innovadoras para alcanzar a los niños con el evangelio y el amor de Jesucristo.

La Iglesia de los niños era nuestro ejercicio físico y corríamos como locos y jugábamos con ellos durante dos horas. Durante ese tiempo también teníamos los momentos de 'tranquilidad' en los que los niños, a veces hasta setenta de ellos en una sola sesión, se tumbaban boca arriba para recuperarse y escuchar a Dios. Yo les preguntaba lo que les decía. Algunas de las respuestas decían,

"Te amo."

"Tú eres especial."

La mayoría de nuestros niños provenían de entornos familiares difíciles y crecieron en hogares donde había poco orden o ninguna disciplina. A veces, cuando se comportaban muy mal en la iglesia, teníamos que resistir la tentación de enviarles a casa. Eso no habría sido una buena solución. Hubiera sido otro rechazo en sus vidas caóticas.

Se nos ocurrió una solución mejor. Como en el fútbol, se les daba una tarjeta amarilla que significaba que debían de parar de jugar. Una segunda tarjeta amarilla significaba que estaban excluidos del resto de las actividades. Una tarjeta roja significaba perderse la semana siguiente en la Iglesia Juvenil. Todos consideraban el sistema justo y funcionaba bien.

Cuando los niños se comportaban bien eran recompensados con el 'dinero de Jesús,' que era dinero falso, hecho como un billete de dólar imprimido con la cara de Jesús. Se les daba por el buen comportamiento, buena asistencia, buen trabajo en equipo, etc. Y una vez al mes podían gastar su dinero de Jesús en la 'Tienda de la Iglesia Juvenil.' Tommy compraba una selección de artículos buenos cada mes y los niños podían 'comprar' los reproductores de CD, el CD más reciente de música, juegos de calidad, dulces y juguetes.

Otra ayudante era Isabel. Era una mujer de mediana edad que vino por primera vez a la iglesia a pedir que oráramos por su hijo, Joe, que estaba en la cárcel por asalto grave. Él era drogadicto. Isabel continuaba viniendo a la iglesia y comenzó a ayudar con la distribución de alimentos y sopa, y de cualquier manera que podía...

Cuando Joe salió de la cárcel asistía a nuestra iglesia en Drumchapel, donde él entregó su vida a Jesús, y más tarde se unió a nosotros en la Casa Kilcreggan como aprendiz de FPV. Se quedó con nosotros durante dos años y lo llevaba muy bien. La gente que le conocía de Drumchapel se quedó impresionada con el cambio. Se acercaba el tiempo para que Joe volviera a la 'selva', y comenzó a inquietarse y quiso salir antes de tiempo. Una mañana, después de una discusión, se marchó y se llevó a dos niños con él. Después de dos semanas en Drumchapel estaba otra vez metido en las drogas y al poco tiempo se volvió a enganchar.

¿Cómo puede suceder esto? Bueno, el diablo, obviamente, odiaba a Joe y a su poderoso testimonio cristiano. La misión del diablo es 'robar, matar y destruir' la vida de cada creyente (Juan 10:10). Una táctica que usa para hacer esto es frenaros con respeto al tiempo perfecto de Dios, tentando a los cristianos a posponer las cosas o, alternativamente, acelerarnos hasta que corramos por delante del plan de Dios. En los dos escenarios se falla el blanco nos perdemos lo mejor que Dios ha planeado para nosotros. Dios quiere que todas las cosas vayan para nuestro bien, para que, en el momento óptimo, tengamos la bendición máxima. El diablo, que funciona a través de nuestra mente y las emociones, hará todo lo posible para impedir que entremos en el reino de Dios.

Cuando los alumnos dejaban la iglesia o la Casa Kilcreggan por razones equivocadas, normalmente les acogía de nuevo si me lo pedían. Tristemente, ninguno lo conseguía la segunda vez, y algunos incluso intentaron por tercera vez. Muchos de aquellos que no triunfaron terminaron en prisión o muertos. A menudo la gente me pregunta, "¿Cómo es que tú lo lograste?" y sólo puedo responder: "Si no fuera por la gracia de Dios, ni siquiera sabría dónde estaría yo."

"Déjale Marchar"

Mientras estaba en el hospital para mi primera biopsia del hígado y chequeo en abril de 2001, Jim Baxter, el famoso futbolista de Glasgow Rangers y del equipo nacional de Escocia, ingresó en la cama de al lado mío. Él fue diagnosticado de cáncer de hígado y esto también afectó a su páncreas, dando lugar a una diabetes. Él se liaba mucho con la manera de pincharse, así que yo le ofrecí mi ayuda. Empezamos a hablar y charlamos un rato hasta que tuve que ir a ducharme.

Mientras estaba en la ducha oré y le pedí al Señor cómo podría dar testimonio a Jim y yo creo que el Señor puso en mi corazón hablarle sobre el ladrón en la cruz. La Pascua se acercaba y era el tiempo en que incluso los incrédulos toman nota de que la Pascua era el momento de la crucifixión de Jesús. Salí de la ducha y me senté en el borde de mi cama, frente a Jim. Él ya sabía que yo era un ministro.

"¿Has leído la Biblia, Jim? Le pregunté"

"No, yo no lo entiendo, con todo el lenguaje tan pasado de moda."

Le expliqué que, "Hoy en día hay traducciones modernas que utilizan el lenguaje coloquial que estamos hablando ahora mismo. ¿Quieres ver?"

Yo le pasé mi copia de la versión moderna de la Biblia. Yo ya había encontrado el pasaje que quería y le dije: "Aquí tienes Jim, empieza a leer desde aquí."

Jim empezó a leer, "Uno de los malhechores que estaba colgado le insultaba diciendo: '¿No eres tú el Cristo? ¡Sálvate y sálvanos a nosotros también!' Pero el otro criminal lo reprendió. '¿No temes a Dios, dijo, ya que estás bajo la misma condena? Estamos justamente castigados, porque recibimos lo que merecieron nuestros hechos. Pero este hombre no ha hecho nada malo.' Luego dijo, 'Jesús, acuérdate de mí cuando vayas a tu reino.' Jesús le respondió, 'Yo te diré la verdad, hoy estarás conmigo en el paraíso.'"

Jim cerró la Biblia, me la devolvió y se alejó corriendo al baño. Oré para que Jim entendiera, que a pesar de la vida hedonista de la que se jactaba, nunca era demasiado tarde para pedir perdón y recibir a Jesús en su corazón. Pocos días después, Jim Baxter murió.

Después de mi segunda biopsia hepática anual, se descubrió que mi nuevo hígado estaba siendo infectado por el virus de la hepatitis. Me ofrecieron un curso de tratamiento de Interferón / Ribavirina y los médicos me explicaron, con detalle, todos los efectos secundarios que se pueden esperar si aceptara la oferta. La verdad es que no quería hacer este tratamiento. Oré y luché con la duda hasta que, finalmente, en enero de 2003 decidí darle una oportunidad.

Por la mañana del día de la primera inyección, el Señor me habló a través de Juan 11:44... "Y el que había muerto salió, atadas las manos y los pies con vendas, y el rostro envuelto en un sudario. Jesús dijo: Desatadle, y dejadle ir."

Y el que había muerto salió, atadas las manos y los pies con vendas, y el rostro envuelto en un sudario. Sin la intervención milagrosa, yo era un 'hombre muerto'. El sudario de la muerte, las tiras de lino y la 'tela' que me ataba representaban la Hepatitis C. Jesús ordenó que estos 'lienzos' fueran retirados, quitados, y que yo iba a ser 'puesto en libertad.'

Inmediatamente, supe que en el fondo de mi espíritu, Dios había intervenido y que Jesús había mandado mi curación. Yo, por lo tanto, fui andando con pasos alegres a esa primera cita al hospital y le dije al equipo médico que, a pesar de que iba a aceptar el tratamiento, estoy totalmente seguro de que yo estaba ya curado.

Tres meses después de empezar el tratamiento, el resultado del análisis fue negativo y no se encontraron ningún virus. Sin embargo, los médicos insistieron en que terminara el curso de doce meses. Durante ese tiempo, no me afectó ninguno de los principales efectos secundarios (pérdida de cabello, ansiedad, psicosis, depresión, etc.). Al final estaba bastante cansado y agotado emocionalmente, pero no tanto como pensaba. Terminé el tratamiento a finales de enero de 2004, pero tuve que esperar otros seis meses para que las pruebas finales terminaran.

En julio de 2004 me dijeron que la Hepatitis C había desaparecido.

"¿Puede volver?" pregunté a los médicos.

"No", dijeron, "¡Vete y qué tengas una vida larga y sana!" "¡Alabado sea Dios! Debes estar encantado de dar a la gente esta maravillosa noticia," les dije. "Pues... la verdad es que, tú eres el primer paciente, que después del trasplante, jamás ha sido completamente curado." "Esto es un milagro, ¡Alabado sea Dios!", grité.

"Si, esto es fenomenal" exclamó la enfermera. "Tu fe lo ha hecho posible."

Romanos 10:17 dice... Así que la fe es por el oír, y el oír, por la palabra de Dios.

En aquel entonces el Señor comenzó a decirme que debo ceder la obra en Drumchapel. Al principio no me creía que era Dios quien me hablaba sino el diablo que intentaba robarme. Empecé a reprender a Dios pensando que era el diablo. ¿Cómo podría ser Dios? Este fue uno de los períodos más fructíferos de todo nuestro tiempo en Drumchapel. El Señor había dicho "Lleva este modelo al mundo." Finalmente, después de unos meses, empecé a darme cuenta que en verdad era Dios quien hablaba, y en obediencia, comencé a ceder la obra.

Durante el año siguiente buscaba a gente para que continuara con la obra. Isabel y Richard sabían cómo iba todo. Archie sabía conducir y los voluntarios ayudarían con alegría. Sin embargo, la inestabilidad y el drama constante de Drumchapel llevaron al fracaso la obra que dejé fracasó y con el tiempo el edificio se convirtió en una funeraria - por desgracia, un negocio de gran demanda. Era el año 2005.

Me sucedió que me impactó dos semanas después de dejar mi trabajo en Drumchapel. Me confirmó que efectivamente era Dios quien me habló. Decidí volver sólo para ver lo que estaba pasando. Aparqué el conocido minibús blanco fuera de la casa de Richard y casi de inmediato los niños se acercaron a mí, corriendo desde todas las direcciones. "¿Tienes pasteles, Peter?" me preguntaron. Ellos estaban por todas partes y dentro de la camioneta y, por primera vez, me entró el pánico. Había caras nuevas, desconocidas para mí, mirándome desde las casas. Si yo no los conocía, entonces tampoco me conocían a mí. ¿Qué pensarían? ¿Quién es este hombre en la camioneta con los niños a su alrededor?

Rápidamente saqué a todos los niños de la camioneta, cerré las puertas y me marché.

"¿Qué ocurrió allí, Señor?" le pregunté.

"No tenías la unción. Ya no te hace falta la unción que antes tenías, porque ya no trabajas allí," me respondió.

Entonces me di cuenta de que durante los ocho años que trabajé en Drumchapel con los 'indeseables' de Glasgow, jamás tuve miedo. La aceptación tremenda que tenía en los hogares y en las calles fue a causa de la unción de Dios sobre mí para hacer el trabajo que me había encomendado. De manera paradójica, ya que la unción se había ido, yo sabía que ya no necesitaba estar allí.

Aunque los rastros físicos de la obra habían desaparecido, estoy convencido de que el trabajo que se hizo en el reino de Dios tiene un valor eterno. Lo que hicimos impactó a mucha gente y muchos invitaron a Jesús a su corazón. Todavía nos enteramos, a través 'radio patio', de las noticias de lo que está pasando en Drumchapel y, de vez en cuando, me encuentro con alguien de mi antigua congregación. Como dije antes, espero encontrarme con un buen número de personas de Drumchapel cuando todos lleguemos al cielo.

De Vuelta a Casa Kilcreggan

Como he dicho antes, a menudo teníamos seminarios especiales de enseñanza para nuestros alumnos de FPV y entre los profesores invitados fueron Judith Butler y Rauna May. En ese momento Rauna era la traductora de Héctor Giménez y la Directora Internacional, pero más tarde fue a reunirse con Wayne Cordeiro en New Hope Hawái como una de las pastoras. De repente, en 2002 Rauna anunció que pensaba que sería bueno que yo fuera a la Práctica de Líderes en Hawái y que pagaría todos los gastos.

Ir a Hawái fue una experiencia impresionante, no tanto por su belleza, sino por la gente que conocí y por lo que pusimos práctica. Lo que practicamos fue una forma de ver a los líderes de New Hope Hawái y dio una perspectiva de cómo todos trabajaron juntos para que todo fuera un gran éxito. De hecho, el pastor, Wayne Cordeiro, escribió un libro llamado, 'Hacer Iglesia Como un Equipo'. Sobre todo, el concepto de escribir un diario, que aprendí durante este tiempo, se transformó en mi enseñanza semanal mundial llamada 'Síntesis'.

Por ahora, el foco principal del trabajo en la Casa Kilcreggan fue como un centro de conferencias. Todavía teníamos aprendices y voluntarios, pero el énfasis principal era facilitar las conferencias de organizaciones religiosas y grupos. La Iglesia en la Roca continuaba con las reuniones en la Casa Kilcreggan, pero resultaba cada vez más difícil reunirnos. (Por cierto, en la vieja lengua escocesa, 'Kilcreggan' significa 'iglesia en la roca'). En nuestros buenos tiempos, teníamos una conferencia cada fin de semana. A veces, había más de un grupo con una conferencia al mismo tiempo. ¡Fue un trabajo muy duro! Nancy era la Gerente General y también la jefa de cocina.

Con su don de la hospitalidad y su ojo para el detalle, Nancy reformaba la casa. Ella, a veces con la asistencia de Ana y Linsey, dos de nuestras voluntarias en prácticas, hicieron todas las cortinas y las colchas. La gastronomía y la presentación eran de primera clase y rápidamente ganaron una buena reputación para hacer volver a nuestros clientes una y otra vez. La Casa Kilcreggan llegó a ser conocida como un Centro de Excelencia. Adoptamos el principio llamado 'invitado de honor' y servimos a cada huésped como si fueran el mismo Jesús. Gracias a estos elementos y el favor tremendo del Señor, la Casa Kilcreggan se convirtió en el Centro de Conferencias más popular en Escocia, de ese momento.

Hacia finales de 2003, Revelation TV, una estación cristiana de televisión vía satélite me invitó a una entrevista por su fundador Howard Conder. Se trataba de un programa de una hora y fue una gran experiencia.

Alrededor de este tiempo nos sucedió algo asombroso. Habíamos ido a la casa de mi hermana en Carmunnock para una comida familiar antes de la Navidad. Era muy tarde por la noche cuando salimos para hacer un viaje de noventa minutos de vuelta a Kilcreggan. De camino a casa empezó a nevar y mientras viajábamos y nos alejábamos de la ciudad, la nieve se hacía más intensa y más profunda. En el momento en que llegamos a la fuerte pendiente de Rosneath para llegar a Kilcreggan, la nieve tenía más de quince centímetros de profundidad.

Debido a la avanzada hora y las condiciones climáticas adversas, no había otros coches en la carretera y no había huellas de neumáticos para seguir para subir la empinada colina. A mitad de camino las ruedas del coche comenzaron a patinar y tuvimos que parar. ¿Qué íbamos a hacer? Los dos estábamos vestidos para salir de noche y no estábamos equipados para caminar por las montañas en la nieve profunda.

De repente, se oyó un golpe en la ventanilla de Nancy, ella la bajó y una voz amable nos sorprendió. Dijo: "Pon el coche en primera y muévete suavemente hacia delante." El socorrista fue a la parte posterior del coche y empezó a empujar. Poco a poco, avanzamos el camino por la colina hasta llegar a la cima. Cuando estábamos a salvo y en la pendiente hacia abajo, miramos hacia atrás para ver nuestro socorrista, pero él se había ido. No le buscamos. Era tarde, así que, alabando a Dios, volvimos a casa.

Sin embargo, cuando pensamos acerca de este incidente, no había manera de que una persona pudo haber empujado un coche con tres pasajeros dentro hasta la empinada colina en quince centímetros de nieve. Estamos convencidos de que Dios envió un ángel para que nos rescatara.

En otoño de 2004, nos invitaron a Nancy y a mí a participar en la primera conferencia del Master's Commission International Network en Copenhague. Habíamos organizado grupos del Master's Commission en la Casa Kilcreggan previamente y pensamos que la organización era excelente. La primera Master's Commission comenzó en 1985 en Phoenix, Arizona, EEUU. Surgió como una obra entre la juventud desde la Primera Asamblea de

Phoenix (ADD), donde Tommy Barnett era el pastor principal. Los estudiantes dedicaban un año de su vida a la memorización de las escrituras, el estudio de la palabra, y el ministerio.

Nancy y yo habíamos estado antes en el Dream Centre (Centro del Sueño) por primera vez en Los Ángeles, California, en la primavera de 2004. Era un lugar fantástico que ofrecía una forma de discipulado multifacética. Fue la visión de Tommy Barnett y su hijo Mateo, que es el actual Director. Estábamos entusiasmados con la idea de trabajar en colaboración con Master's Commission y estábamos preparados para acoger la primera Master's Commission de Escocia en la Casa Kilcreggan.

Durante nuestra estancia en Copenhague, el coordinador de misiones de Las Asambleas de Dios en Europa y director general del Master's Commission de Europa había organizado una reunión del recién formado grupo de Consejeros de Master's Commission de Escocia. Los otros invitados eran el Superintendente de las ADD en Escocia y los miembros del Consejo Ejecutivo Regional Escocesa, Nancy y yo.

Lamentablemente, la reunión no tuvo éxito y, en lo profundo de mi corazón, yo sabía que no iba a participar más con la Junta del Master's Commission de Escocia. Unas pocas semanas después de regresar a Escocia, presenté la carta cuidadosamente redactada de mi dimisión a los administradores del Master's Commission de Escocia y lo aceptaron.

Tierra Santa

En mayo de 2004 Nancy cumplía 50 años y quería hacer algo especial para ella. TV Revelación había planeado una excursión de cinco días a Tierra Santa, coincidiendo con la Fiesta de Pentecostés. Decidimos ir y fuimos recompensados con algunas experiencias inolvidables. Cambió nuestras vidas y nos dio un amor profundo por Israel. Fuimos como parte del primer grupo organizado por TV Revelación y resultó ser el mayor grupo de turistas del Reino Unido. Se necesitaron tres aviones y trece autobuses. Sólo cinco días, pero en esos cinco días le sacamos el partido de diez. Fue agotador, pero la adrenalina nos mantuvo.

La noche anterior al viaje, Tim Vince, el operador turístico, me llamó por teléfono y me preguntó si me gustaría ser el pastor del autobús. Después de consultar con Nancy, acepté. Mis funciones incluían, comenzar cada día con oración, mantener a los pasajeros en mi autobús informados de los planes nuevos o los cambios y mantenerlos juntos en los diferentes sitios que visitamos. Animé a la gente a compartir testimonios en el autobús todos los días. También planeé los bautismos y las rededicaciones que tuvieron lugar en el día que visitamos

Yardenit, el sitio bautismal sobre el río Jordán. Tuve el honor de hacer los bautismos.

Recorrimos lo largo y ancho del país de Israel y fue increíble. Como estábamos allí en el momento de la Fiesta de Pentecostés, algunas de las personas en mi autobús me pidieron que orara por ellos para recibir el bautismo del Espíritu Santo en el Cenáculo de Jerusalén. Este fue el lugar donde un bautismo público en el Espíritu Santo tuvo lugar por primera vez con los primeros discípulos de Jesús y de sus familias, unas ciento veinte personas que estaban reunidas allí. Fue el cumplimiento de una profecía de Joel en la Biblia:

Joel 2:28-29..."Derramaré mi Espíritu sobre toda carne, y profetizarán vuestros hijos y vuestras hijas; vuestros ancianos soñarán sueños, y vuestros jóvenes verán visiones. Y también sobre los siervos y sobre las siervas derramaré mi Espíritu en aquellos días."

No estaba preparado para lo que iba a suceder. Un pequeño grupo, nos reunimos en el Cenáculo, y empecé a ungir con aceite y a orar (muy discretamente) para que recibieran el Espíritu Santo. Algunos de ellos comenzaron a hablar en lenguas. Luego oímos el sonido del ruido '¡Púm! ¡Púm! ¡Púm!' Nos dimos la vuelta y vimos que los sonidos venían de un grupo ortodoxo griego, todos con largas barbas grises y vestidos de pies a cabeza con túnicas negras. Estaban golpeando sus palos adornados contra el suelo. "¡Salid de aquí!", dijo el líder con ojos desorbitados y con las venas hinchadas.

"No", dije tranquilamente. "Tenemos el mismo derecho de estar aquí que ustedes."

Puso su cara justo delante de la mía, "¿Cuál es tu nombre?" me preguntó.

Se lo dije y ordenó a uno de su grupo que me grabara en video para 'tener pruebas'. Las pruebas no sé para que sirvieran, pero por un momento, entendí lo que tuvo que ser para Jesús la confrontación con los fariseos.

Al año siguiente, en junio de 2005, Nancy, nuestro hijo Israel y yo regresamos a Tierra Santa y esta vez también llevamos a Samuel. Israel y Samuel ambos pagaron los gastos de su viaje con el patrocinio que lograron reunir.

Samuel era un joven fiel que había trabajado conmigo en Drumchapel. Él vivía por su cuenta y estaba en trámites de un divorcio con su primera mujer, que era una prostituta. Tenían dos hijos que fueron internados. La casa de Samuel estaba en una de las peores partes del Glen (Drumchapel) y a menudo le molestaba una pandilla de jóvenes problemáticos. Con frecuencia se cargaban la puerta de su casa hasta que ya no quedaban más cerrojos. Los Niños de Peel Glen utilizaban su casa como guarida para beber o como sala de tiros y Samuel no tenía ninguna autoridad sobre ellos.

Todo llegó a un punto culminante cuando, mientras trabajaba de guardia de seguridad, Samuel pilló a algunos de los jóvenes robando. Amenazaron con matarlo, por lo que, para protegerse se vino a vivir a la Casa Kilcreggan y se hizo aprendiz del FPV. Durante los dos años que Samuel estuvo con nosotros fue dramáticamente transformado en todos los sentidos; físicamente, psicológicamente y espiritualmente. Uno de los momentos más destacados fue el viaje con nosotros a Tierra Santa. Tuve el privilegio de bautizarle en el Río Jordán.

Nepal

En octubre 2005 fui a mi primera misión en Nepal. Me encontré con el Pastor Krishna en Kingdom Faith, Roffey, en 1995 cuando él era un estudiante allí. Habíamos mantenido contacto desde entonces. El Pastor Krishna tomó nuestro modelo de ECDE en Escocia y lo llamó ECDE en Nepal. Con los años el Pastor Krishna (yo le llamo 'Kris') se hizo muy amigo nuestro y nos visitó en Escocia y en Drumchapel varias veces. Él llegó a considerarme como una 'figura paterna'. Le pregunté a mi amigo, el Pastor Donnie si quería acompañarme a Nepal y aceptó sin objeciones.

Kris había establecido un orfanato y una iglesia en la capital, Katmandú. El Pastor Donnie y yo nos alojamos en una pequeña habitación en el orfanato. Compartimos el edificio con una veintena de niños huérfanos, junto con Kris, su esposa Pabitra y sus dos hijos. No pudimos viajar lejos de Katmandú, ya que, en aquel tiempo, hubo problemas políticos con los maoístas insurgentes comunistas, y el Ejército de Nepal había establecido puestos de control y bloqueos en toda la ciudad.

Un día conseguimos subir un poco a las montañas, donde, en un río cristalino, bautizamos en secreto a algunos conversos recién convertidos de la Iglesia Nueva Vida del Pastor Krishna. La mayor parte de nuestro ministerio se llevó a cabo en esa iglesia. Sin embargo, otro día, cuando todavía estaba oscuro, subimos a otra parte de las montañas donde vimos el amanecer por detrás de la cordillera del Himalaya. Fue espectacular.

Nepal es un lugar fascinante, pero la política en los últimos años ha llevado al país hacia atrás, a épocas pasadas. Creo que todo empezó cuando casi todos los miembros de la familia real fueron asesinados a manos del príncipe heredero Dipendra, en junio de 2001. Lo que acabo de decir es polémico y aún no probado, aunque es ampliamente considerado como cierto. Esto abrió el camino a Gyanendra para convertirse en rey. Numerosas teorías sugieren que unos hombres enmascarados disfrazados del Príncipe de la Corona cometieron los asesinatos, y se cree que el príncipe Gyanendra fue el responsable; se sospecha, pero nunca fue probado.

En 2008, el rey Gyanendra se vio obligado a dimitir bajo la presión de un Gobierno de coalición que fue 'controlado' por los comunistas maoístas. Desde entonces, el estado social, político y económico del país ha empeorado. Con los embargos sobre las fronteras de Nepal, la comida es escasa. Los apagones, también conocidos como la trituración de carga, eran el resultado de frecuentes cortes de energía intencionadamente manipulados.

El pueblo nepalí es ingenioso y no se detiene con facilidad. Aunque hay estrictas reglas por las noches, los cristianos siguen reuniéndose cada vez que pueden. El combustible para los vehículos, la cocina y la calefacción es escaso y la gasolina es racionada a un litro por vehículo en cada reposición. Esto implica colas constantes en las estaciones de servicio. Estas colas pueden ser de hasta un kilometro y medio de largo. Para eludir este problema, la gente a menudo quema combustibles de baja calidad en sus vehículos. Resulta que Katmandú, a unos mil trescientos metros sobre el nivel del mar, es una de las ciudades más contaminadas del mundo.

Antes de regresar a Escocia, quería comprar algunos productos que podría vender para recaudar fondos para la obra en Nepal. Kris nos llevó a su amigo joyero, donde se había alojado cuando llegó a Katmandú como estudiante. Le pregunté si podía hacer cincuenta cruces sencillas de plata. Le dibujé el diseño y nos dijo que regresáramos al día siguiente. Cuando volvimos nos llevó arriba a los cuartos pequeños de su familia para ver y pagar nuestro pedido. De repente, me acordé de una escena de la película 'El Expreso del Medianoche' al ver la inclinada luz del sol traspasando el polvoriento cuarto oscuro, creando un momento suspense transitorio. Sonreí en silencio mientras inspeccionaba las bolsas pequeñas que contenían las cruces de plata pura, pensando en cómo, en otra vida, esto podría haber sido el escenario de un intercambio de drogas ilegales si no hubiera conocido a Jesucristo en la Cruz del Calvario.

Lo pasamos fenomenal en Nepal, y empecé a ver cómo el Señor podría utilizar nuestros recursos del discipulado cristiano allí y en otros países. Nuestro curso 'Básico' sería una gran introducción en FPV (Formación Para la Vida), pero me di cuenta de que tendría que ser traducido. Por lo tanto, poco después de regresar a Escocia, empecé a preparar el curso de 'La Formación Para La Vida' para una audiencia internacional.

Después de la misión, Kris nos pidió que lleváramos a su hermano Silas de aprendiz a la FPV en la Casa Kilcreggan. Le aceptamos, pero después de un par de semanas, Silas se fugó y terminó en Suecia, donde vive actualmente. Él nos utilizó para salir de Nepal. ¿Quién puede culparlo sabiendo cómo es la vida allí? Kris y toda su familia se quedaron horrorizados por lo que Silas había hecho, pero no les impidió preguntarme si yo podía traer a otro hermano, Bishwa, en su lugar. Nos pusimos de acuerdo y Bishwa llegó para quedarse y prepararse con nosotros durante seis meses.

Mientras él estuvo con nosotros, además de completar el curso de la FPV, Bishwa también tradujo nuestro curso Básico al nepalí. Él volvió a Nepal en la primavera de 2007 y un mes más tarde continué con nuestra segunda misión a Nepal.

Durante todo este tiempo la obra se desarrollaba y crecía en la Casa Kilcreggan, igual que nuestro nuevo ministerio internacional creciente. Empecé a buscar traductores para nuestra enseñanza semanal, Síntesis, y uno a uno los fui encontrando. Empecé a trabajar en una página web que ofrecía nuestros recursos del discipulado gratuitamente: www.thewaycm.com pronto recibió más de un millón de visitas al año. A través de nuestra página web, las invitaciones para visitar y para ministrar empezaron a llegar de todas partes del mundo. Tuve que aprender rápidamente a diferenciar cuáles ellos eran los auténticos.

En un marcado contraste con mis misiones a los países del Tercer Mundo, en 2005 fui invitado a hablar en una Escuela Cristiana de Discipulado cerca de Cannes, en el sur de Francia. Esto iba a convertirse en un evento anual. Nancy y yo (y en ocasiones Israel) nos quedamos con Vladimir en su hermosa casa-en-obras en Vallauris. Él se acabaría siendo un buen amigo mío.

Kenia

Empecé a planificar la próxima misión, esta vez a África, específicamente a Kenia y Ruanda. Lo planeé para junio de 2006, un año después de que comenzara a comunicarme, a través de Internet, con los pastores de esos países. Esta vez iba a ir solo. Yo estaba entrando en aguas desconocidas y pensé que sería mejor si explorara el camino en primer lugar, y para el próximo viaje me llevaría a otros conmigo. Resultó ser una misión memorable.

Aterricé en el Aeropuerto Internacional de Joma Kenyatta en Nairobi, Kenia. Allí me encontré con mi contacto Festus y su amigo, el pastor Chuma. Me llevaron a la casa del pastor Chuma, cerca del aeropuerto. Después de visitar la iglesia y ministrar allí, nos fuimos a la casa y dormimos. Al día siguiente tomé un vuelo desde Nairobi a Kisumu. Pastor Chuma y Festus fueron a Kisumu en el coche del pastor Chuma. Íbamos a reunirnos en el aeropuerto y desde allí fui conducido a nuestro evento evangélico en Omoringamu cerca de Ogembo en las Tierras Kisii.

Yo no sabía que algunos de los líderes de Ogembo también conducían en un 'matatu' (un taxi-minibús) para encontrarse conmigo en el aeropuerto de Kisumu. Hacían carreras entre ellos para ver quién se ponía en contacto conmigo primero. Los dos llegaron casi al mismo tiempo, y hubo una discusión acerca de quién me llevaría a Omoringamu. Fui con el matatu, pero al rato tuvo un pinchazo y reventó una rueda pinchada. Me cambié al coche del pastor Chuma. Después de un viaje peligroso, a pesar de la buena conducción del pastor Chuma, todos llegamos a Ogembo, al mismo tiempo. El pastor Chuma, Festus y yo reservamos una habitación en el mismo hotel.

Antes de irnos a nuestra habitación, reuní a todos los líderes conmigo. Me paré en una pequeña escalera de tres escalones y miré a estos 'pastores', con sus camisas, corbatas y trajes de gran tamaño. Todos estaban actuando vilmente y a empujones para asegurarse un sitio y discutiendo unos con otros. En un momento dado, Festus le dio una bofetada a uno de ellos. Yo sabía que algo iba muy mal; una 'santa indignación' se apoderó de mí y reprendí a todos ellos. Había unos cuarenta hombres. Yo les dije que no se comportaban como cristianos y mucho menos como pastores.

Estuvieron merodeando y arrastraron los pies y, uno a uno, comenzaron a dispersarse hasta que sólo quedaron unos seis hombres. Llevé a los seis hacia dentro y hablé sobre mis metas y objetivos para los próximos días. Resultó que algunos de los hombres, que habían desaparecido antes en las sombras, habían venido con armas (machetes y hoces) para atacarme porque se les dijo que un mzungu (un hombre blanco) venía. Asociaban a los hombres blancos con el dinero y, claro, era el primer hombre blanco que la mayoría de ellos habían visto y esto, por lo visto, era la oportunidad dorada para hacerse rico rápidamente. ¡Alabado sea Dios por la santa audacia y la protección divina!

Casi todo el tiempo en Omoringamu y en Ogembo estaba rodeado de engaño. Fue una curva de aprendizaje. El pastor Chuma había organizado para que su equipo de adoración viniese desde Nairobi. Eran estupendos, pero no tenían generador de electricidad, por lo tanto, se negoció con una persona local para conectarnos a su fuente de electricidad y conectar un cable a la plataforma a casi un kilometro de distancia. Después de haber empezado, nuestro proveedor de energía demandó más dinero de lo que originalmente se había acordado, y nos desenchufó al no conseguirlo.

Vicent era mi traductor excepcional del inglés al swahili, pero también necesitamos un traductor de swahili al idioma Gucha de las tierras del Sur de Kisii. Este traductor fue uno de los seis que permaneció en el hotel después de nuestra mini diáspora. Tuve una serie de reuniones con estos seis, y oré por todos para que fueran bautizados en el Espíritu Santo. Mi traductor se cayó bajo el poder del Espíritu y oró en lenguas. Por desgracia, ¡todo fue un teatro y nos dejó en la estacada después de ser arrestado por robar un teléfono móvil de un cibercafé local! El pastor Chuma, un nativo del sur de Kisii en Kiango, ocupó el lugar del traductor que faltaba.

Festus insultaba continuamente a todos a su alrededor y ya que todos compartíamos una habitación, pude enfrentarme a él y hacer algo al respecto. Después de este enfrentamiento, nos enteramos que Festus estaba mintiendo acerca de su posición. Él no era pastor y no tenía iglesia. Él trataba de hacer que el pastor Chuma mintiera por él, pero todo salió a la luz y una noche dije a Festus que se marchara. Está de más decir que no estaba muy Feliz por haber sido descubierto e hizo todo lo posible para complicarme la vida de aquí en adelante.

Finalmente, se dio por vencido. Me di cuenta que una de las maneras más eficaces para superar al diablo es ignorarle. Es un megalómano y quiere llamar la atención tanto como sea posible. ¿Qué hacemos cuando un niño tiene una rabieta? No hacerle caso y al final se calla. Si ignoramos al diablo se va a sentir estúpido y se irá a buscar otro que le preste atención...

Yo había traído algunas vitaminas y suplementos de alta calidad conmigo que habían sido donados por una empresa farmacéutica cristiana llamada Mannatech. Encontramos a una enfermera local que estaba dispuesta a administrarlas por nosotros. Unas pocas semanas después de regresar a Escocia, descubrimos que ella había comenzado a vender las vitaminas y los suplementos y los que más los necesitaban no los recibieron. Resultó que su hermano era uno de esos viles pastores y, junto con el 'traductor', eran parte de una banda conocida que fueron arrestados por robos en el pueblo. No sólo fueron detenidos y terminaron en la cárcel, sino que fueron desterrados de la ciudad y se les dijo que no volvieran jamás.

Esta era una zona muy primitiva y fue una revelación para mí. Aprendí muchas lecciones valiosas en lo que se debe hacer cuando se planea una misión a un nuevo país y con una cultura diferente y, más importante, lo que no se debe hacer. Sin embargo, agradezco el hecho de no haber tenido ni un dolor de cabeza. Al parecer, la curación local para un dolor de cabeza es hacer un agujero en el cráneo del paciente para que salga la presión hacia fuera. ¡Gracias a Dios por el paracetamol!

A pesar de todas las dificultades, terminamos con más de cien nuevos cristianos que hicieron un compromiso genuino con Jesucristo. Teníamos que proveer algún curso bueno de discipulado y esto era algo que yo iba a preparar cuando volviese a Escocia. A continuación, tenía que pensar en el evento de Nairobi. Regresé en avión y el pastor Chuma me recibió en el aeropuerto de Nairobi. Fuimos a su casa y planeamos una reunión allí con los líderes y ancianos a la mañana siguiente.

En esa reunión, todos coincidimos en que nos reuniríamos en la casa del pastor Chuma todas las mañanas para orar y dar un poco de enseñanza básica para establecer un fundamento bíblico para cada día. Resultaron ser tiempos de gran avance para algunos de los presentes. Mientras estuve en Nairobi, decidí visitar uno de los barrios bajos más grandes. El pastor Chuma y yo fuimos a Kwa Njenga con más de un millón de habitantes. Aquí vivía el pastor Chuma cuando vino de Kiango en las Tierras Kisii. Él trabajaba mucho y logró salir de los barrios pobres, pero nunca olvidó sus raíces o a las personas que todavía vivían allí.

Había comenzado un negocio de agua allí; compró enormes tanques de agua, los puso en cinco lugares estratégicos. La Compañía Nacional del Agua llenó los tanques durante la noche. Tuberías recorrían una variedad de lugares por todo el barrio. La gente venía con sus contenedores de plástico grandes a los puestos del pastor Chuma, y las llenaban pagando veinte chelines kenianos. El negocio del pastor Chuma prosperó y podía comprar casas en el barrio para los que no tenían dónde quedarse. Mientras caminábamos por Kwa Njenga, le trataron al pastor Chuma como una celebridad. Todo el mundo le conocía y le llamaban 'el obispo'.

Yo quería visitar la escuela a la que asistían sus hijos. Fuimos a conocer a Jane Wawero, la directora del colegio de primaria de Kwa Njenga. En ese momento, había mil ochocientos alumnos de la escuela, pero muchos más querían asistir y no podían porque las aulas estaban ya superpobladas. El número de alumnos por maestro era de más de cincuenta. Necesitaban desesperadamente más aulas y también necesitaban alimento.

Es normal para las familias pobres en Kenia que los niños, cuando llegan a la edad de unos ocho años, no vayan a la escuela sino que salgan a trabajar o a mendigar o hacer algo para traer dinero a la familia. La educación del niño se para. Estos niños crecen con una mentalidad de 'conseguir sobrevivir cada día de cualquier manera posible' y para cuando llegan a adultos, algunos de ellos encuentran su camino en puestos de trabajo en la policía o en el gobierno local, todavía con al mentalidad de 'estafa'. El resultado es que estas organizaciones están llenas de corrupción y de engaño.

Mediante la alimentación de los niños en la escuela de forma gratuita, se alivia la carga de las familias. En lugar de mantener a los niños fuera de la escuela, los padres los envían allí y si los padres pueden trabajar como voluntarios en el programa de alimentación, aún mejor. De esta manera, el niño será físicamente alimentado y bien educado también. En una generación, los jóvenes estarán bien educados y sanos y se encontrarán en posiciones de influencia y tendrán el potencial de cambiar toda la infraestructura de su país.

Al volver a Escocia después de mi estancia en África, yo estaba decidido a hacer todo lo posible por implementar esta visión de alimentar a los niños. Me acerqué a otra

Kenia

organización benéfica escocesa: Ayuda Internacional
Escocesa, y se inició el proceso para evaluar nuestra
propuesta para ayudar a la Escuela Primaria de Kwa
Njenga. Finalmente, consintieron en ayudar y empezamos a alimentar a los mil ochocientos niños de la escuela
todos los días. En los próximos años se añadieron más
edificios al complejo escolar y ahora la población de
alumnado se ha duplicado. Se han agregado tres otras
escuelas, todas en las Tierras de Kisii, a nuestro programa de alimentación y en el momento de la escritura
de este libro, El Camino del Ministerio Cristiano, en
colaboración con los de Comidas María (una parte de la
AIE), está alimentando a seis mil trescientos niños de la
escuela todos los días. La obra local es supervisada por el
Supervisor Apostólico del ElCaminoMC de Kenia – El
Apóstol Chuma, gloria a Dios.

Ruanda

Después de mi tiempo en Kenia, al final viajé a Ruanda. Cuando llegué al aeropuerto de Nairobi, me enteré que mi vuelo a Ruanda había salido temprano sin previo aviso. Expliqué en el mostrador de Kenia Airways que tenía una agenda apretada y que necesitaba llegar a Ruanda. Al principio no me prestaron atención, pero un joven escuchó nuestra conversación y se acercó para ayudar. Él se ofreció a llevarme a Kigali, ese día, pero eso significaría ir a través de Entebbe en Uganda. Esto sería un largo rodeo y llegaría a Ruanda diez horas más tarde de lo previsto, pero era mejor que retrasarme veinticuatro horas mientras esperaba el próximo vuelo directo a Kigali.

Rev. Emmanuel Hakizimana me recibió en el Aeropuerto Internacional de Kigali. Yo pensaba que Ruanda estaría lleno de tristeza después de las atrocidades del genocidio del 1994, pero fue todo lo contrario. El pueblo ruandés estaba lleno de alegría y mostraron un gran amor. Emmanuel me llevó a un hotel muy cómodo donde me reuní con el liderazgo de la iglesia y mi traductor, Pablo, para cenar. Pablo era un traductor de primera clase. Era un hombre bajo, lleno de vigor y siempre sonriente. Había traducido a algunos de los grandes ministerios internacionales, por lo que fue un honor contar con él para trabajar conmigo.

Expliqué nuestras metas y objetivos para la misión en Ruanda. Teníamos una conferencia de líderes en la ciudad y yo también iba a ministrar en la Iglesia del Rev. Emmanuel. También quedamos un día para conducir a través de Ruanda a la frontera occidental para visitar la obra en Cyangugu en las orillas del Lago Kivu, cerca de Bukavu en la frontera de la República Democrática del Congo.

Llegué a conocer al equipo bastante bien en esta primera misión. Podía ver las necesidades y potenciales del grupo. Emmanuel había trabajado en un banco y recibió una buena educación. Él tenía habilidades empresariales y estaba desarrollando numerosas oportunidades de negocio. Tenía una gran visión de su trabajo con ElCaminoMC en Ruanda y por toda la región de los Grandes Lagos. Aunque uno de los líderes del equipo era un maestro de escuela, no creía que existían las mismas necesidades entre los niños escolares de Ruanda como en los de Kenia. El ministerio fue muy bien durante mi tiempo allí. Al conducir a lo largo de Ruanda, tuve la oportunidad de ver el país. Ruanda, a veces se llama, 'la tierra de las mil colinas' y hace honor a esta descripción. Las colinas están cultivadas hasta la cima y hay un sentido de la fertilidad en la tierra. Tiene la misma tierra, roja y fértil, que había en el sur de las Tierras Kisii y hay abundancia de plátanos, té y maíz blanco.

En Ruanda, más aún que en Kenia, las mujeres llevan todo sobre sus cabezas. Desde el niño más pequeño hasta el adulto más viejo, se nota que llevan cualquier cosa, desde un paraguas hasta todo un ramo de plátanos - ¡sí, un ramo no un racimo! No es cosa rara ver a una mujer llevar un gran barril plástico, lleno de agua, imposible de mantener el equilibrio sobre la cabeza, con un bebé envuelto en una manta en la espalda, de pie, charlando con otra mujer igualmente cargada, en el lado de la carretera, las dos con una gran sonrisa, tan grande como el sol de África, iluminando sus rostros.

Un punto destacado de toda la misión a Ruanda era mi tiempo ministrando en la Iglesia del Avivamiento en Goshen, la iglesia del Rev. Emmanuel, en Kigali. El edificio estaba hecho de barro con tejado de zinc corrugado. No había electricidad. Tenían un coro de veinte voces increíbles y un 'tambor parlante'. El edificio estaba lleno completamente. Cuando comenzó la alabanza, el cielo descendió. Todo el mundo bailaba y saltaba y 'estiraban sus cuellos' como los Massai. Todos salimos desbordados del edificio hacia el exterior y pronto los paseantes se unieron a nosotros. Tuvimos un tiempo maravilloso de celebración. Fue tremendo y me impactó mucho.

Ampliación de la Tienda

Durante esta temporada de misión, creí que Dios quería que leyera de nuevo y que meditara en esta porción de la Biblia, en Isaías 54:2 que dice "Ensancha el sitio de tu tienda, y las cortinas de tus habitaciones sean extendidas; no seas escasa; alarga tus cuerdas, y refuerza tus estacas." Nuestras 'cortinas de la tienda' fueron sin duda 'estiradas', y yo, por mi parte, no iba a ser 'escaso'. Las cuerdas que estábamos alargando eran lo que mantenía en pie 'la tienda'. Fue lo que nos hizo 'estar de pie' o estar bien ante el Señor. 'Las cuerdas' también eran las cuerdas de la comunicación, las cuerdas de la responsabilidad, las cuerdas de amor, aliento y apoyo. 'Las estacas' que 'se reforzaban' eran la gente y los lugares donde alcanzaban estas cuerdas.

Sin las estacas para sujetar las cuerdas, la tienda se caería. Estas estacas son nuestros discípulos, sus iglesias locales y los Centros FPV. Jesús estaba 'estacando' su reputación sobre ellos y también lo estaba haciendo EL Camino del Ministerio Cristiano. Ellos deben ser reforzados para sostener el trabajo de crecimiento y para mantener la rectitud delante de Dios y las personas que los rodean.

A pesar de que las conferencias en la Casa Kilcreggan eran la fuente principal de financiación, no hubiera podido ir a las misiones, ni proporcionar los recursos, si no hubiera sido por la generosidad de nuestros fieles seguidores. A ellos les digo un enorme 'gracias'. El desarrollo de la labor internacional de ElCaminoMC se ha convertido en mi ministerio a tiempo completo.

En septiembre de 2006 se comenzó el envío de nuestra enseñanza semanal gratuita llamada 'Síntesis', tanto en formato escrito como en video. Se utilizó Youtube y otros sitios de redes sociales para llegar a los no salvos. Estoy plenamente convencido de que estas plataformas nos permiten llegar a todo el mundo. De hecho creo que yo estaba haciendo lo que Jesús le dijo a su discípulo Simón Pedro que debía hacer cuando dijo: "Boga mar adentro, y echad vuestras redes para pescar." (Lucas 5:4). Espero llegar a todo tipo de personas que utilizan Internet.

También enviamos Síntesis a través de nuestra página web y por correo electrónico directamente a nuestra creciente base de datos. Para el 2007 la enseñanza escrita ya estaba siendo traducida al swahili, el kinyarwanda, nepalí, persa y coreano. Los siguientes iban a ser el portugués, español, telugu, urdu, francés, inglés, kurundi y holandés. El Curso Básico se encuentra actualmente disponible traducido en audio al nepalés, swahili, coreano y español y también como vídeo doblado al urdu y el telugu. En inglés está disponible en DVD PAL y NTSC.

Principalmente, Síntesis es un recurso de discipulado cristiano y, como tal, está a disposición de nuestros equipos apostólicos y de las personas que supervisan en varios países. Actualmente estamos trabajando con los afiliados en un máximo de veintiocho países. Muchos de los miembros de ElCaminoMC en los países donde trabajamos no tienen acceso a un ordenador personal. Por lo tanto, nuestros supervisores fotocopian nuestras enseñanzas semanales para una distribución más amplia. En el momento de escribirlo se estima que, a través de una variedad de medios, el total de lectores de la Síntesis de cada semana alcanza los ochenta mil.

En 2007 pensaba ir en tres misiones de larga distancia a las nuevas áreas, además de regresar a Nepal e Israel. En primer lugar, quería regresar a Nepal. Bishwa, uno de los hermanos de Kris, había estado con nosotros durante seis meses y estaba listo para volver a Nepal en Febrero de 2007. Él tenía una buena comprensión de la visión de la Formación Para la Vida y había traducido el Curso

Básico al nepalí. Pero más importante aún, es que había sido bautizado en el Espíritu Santo y Dios le había dado una visión personal para el trabajo que tenía que hacer en Nepal.

En esta visión, Bishwa se veía como un agricultor sembrando semillas en las laderas de las montañas, en las pequeñas comunidades rurales aisladas, que están ocultas. Se vio evangelizando, llevando a gente a la salvación en Jesús y aumentando el número de discípulos para la gloria de Dios.

Yo había planeado una misión para abril. Para entonces,Bishwa habría tenido tiempo suficiente, creía yo, para establecer un punto de apoyo. Yo también quería tener algunas conferencias con los líderes de pastores de todo Nepal. Tomé una de nuestras alumnas, Linsey, que estaba a punto de completar un año con nosotros. Ella era una aprendiz de FPV quien también se especializó en la fotografía como su elemento creativo FPV. Tommy, el ex director de los chicos en Drumchapel, también se apuntó y habíamos planeado encontrarnos allí con una pareja de misioneros que se unían a nosotros por unos días. Yo conocí a uno de ellos, Coreen, en Colorado, EEUU, el año anterior, cuando hablé en la graduación de secundaria de Linsey.

Para ponernos con antecedentes... En el otoño de 2005 un equipo de la juventud americana llegó en misión a Escocia. Venían de la Academia Cristiana Darren Patterson, una escuela en una pequeña ciudad a lo alto de las Montañas Rocosas de Colorado, llamada Buena Vista. Algunos de los estudiantes se graduaban al año siguiente y me pidieron que hablara en su graduación. La familia de Linsey, Erik el director de la escuela y yo, todos hablamos sobre la posibilidad de que Linsey regresara con nosotros después de la graduación para ser aprendiz en la Casa Kilcreggan durante un año. En ese momento ella tenía sólo diecisiete años. Después de un año con nosotros, acabó el elemento de la misión de su carrera de la FPV, al entrar en nuestra misión hacia Nepal.

Durante esta segunda misión a Nepal podíamos viajar más libremente, ya que, en ese momento, había un período de relativa estabilidad política en el país. Incluso pudimos ir a un safari de elefantes en Chitwan. Mientras estábamos allí, nos fijamos en unos terrenos en la ciudad como posible lugar para un centro de FPV en Nepal. El ministerio tuvo éxito con una buena respuesta por parte del pueblo nepalí, en todos los lugares a los que fuimos.

El pastor Krishna había plantado una iglesia en su nativa Gorkha en el pequeño pueblo donde nació llamado, Khoplang. Todavía estaba en su primera fase, cuando le visitamos por primera vez, pero muchas de las personas en este pueblo se habían convertido al cristianismo. Cuando fue allí, Krishna fue tratado como una persona VIP. El edificio de la iglesia ya estaba acabado y pronto iba a necesitar un nuevo pastor. Llegar a Khoplang no es cosa fácil. En una ocasión, casi tuvimos que vadear un río y tuvimos que reconstruir un camino desgastado. El viaje nos llevó dos días desde Katmandú.

Durante la noche, en el camino, nos quedamos en la ciudad de Gorkha, el asiento del rey en el reino original de Nepal. Fuimos a visitar a uno de los más antiguos templos hindúes originales donde, la semana anterior, los peregrinos habían hecho su peregrinación anual para sacrificar ofrendas a sus dioses. En el transcurso de una semana, decenas de miles de peregrinos habían ofrecido sacrificios animales, todo, desde aves hasta cabras. Cuando nos fuimos, el suelo todavía estaba esponjoso de toda la sangre derramada.

Los libros de ECDE habían sido traducidos al nepalí y en la actualidad soy el coordinador de ECDE en Nepal. Bishwa había comenzado algunos grupos de FPV. Estaban usando la versión nepalí del Curso Básico y todo parecía estar en su lugar para la siguiente fase de nuestra estrategia de discipulado.

Para nuestro horror, no mucho después de nuestro regreso a Escocia, recibimos la trágica noticia de que Bishwa había tenido un terrible accidente de motocicleta. Su amigo murió y Bishwa resultó gravemente herido en una rodilla. Sin modo de transporte y en estado de shock, Bishwa no pudo hacer realidad su visión y, por desgracia, su posición como Coordinador de la FPV en Nepal no llegó a realizarse plenamente. No mucho tiempo después de esto, Bishwa dejó Nepal para estudiar en Londres. Pocas semanas después de nuestro regreso de Nepal, Linsey regresó a los Estados Unidos. Ella continuó, desde la distancia, ayudándome como administradora de informática hasta que se matriculó en un curso universitario de estudios de fotografía y periodismo en el que ella sobresalió.

Otra aprendiz de la FPV en la Casa Kilcreggan era Anna. Se matriculó poco después de su bautismo en el Jordán en uno de nuestros viajes a Israel. Ella estuvo con nosotros durante unos seis meses antes de que viniese Linsey. Anna se enamoró de mi ayudante informático Andrew. Ella se fue en la Navidad del 2007, antes de la misión de Nepal. En principio, yo iba a solemnizar su matrimonio pero cuadraron las fechas con la misión de Nepal. Tanto Ana y Andrew fueron de gran ayuda en nuestro ministerio, y aunque nos alegramos mucho de que se enamoraran y se casaran, perdimos su valioso aporte. Andrew ha seguido ayudándome, pero con mucha menos frecuencia. Seguimos siendo buenos amigos.

Durante el año 2006 empezamos a recibir un flujo de voluntarios procedentes de Corea del Sur. Euisang fue el primero de ellos. Después de seis meses, cuando Euisang se marchó, Anna Lee se unió a nosotros. Estos primeros voluntarios procedentes de Corea fueron una gran bendición para nosotros y los recordamos con mucho cariño. Mientras estuvo con nosotros, Anna Lee tradujo el Curso Básico al coreano.

La segunda de estas misiones de larga distancia me llevó de regreso a México. Nancy y yo habíamos ido a México en 2004 con un amigo americano, Jack, que era pastor en Glasgow. Fuimos como parte de un grupo de seis, primero fuimos a Los Ángeles, donde Jack tenía familia. Nos hospedamos en las Colinas de Hollywood con la hermana de Jack, que era agente de la propiedad. A partir de ahí alquilamos un coche y nos dirigimos hacia el sur por la costa de California a México hacia Mexicali, donde ministramos durante unos días. Me lo pasé muy bien con los mexicanos. Me encantan todas las cosas españolas. Fue maravilloso poder charlar con ellos en su propio idioma.

En esta misión iba solo a Villahermosa, en la región del Tabasco de México, en la península de Yucatán en el Golfo de México. El Apóstol Esteban Montalvo Copto, a quien conocí en la Práctica de Lideres de Wayne Cordeiro en Hawái en 2002, iba a ser mi huésped. Después de muchos retrasos en un viaje por un total de más de veinticuatro horas, finalmente llegué al aeropuerto de Villahermosa, vía Ciudad de México. La gran sonrisa de felicidad de Esteban llegó a calmar mis nervios crispados a causa del viaje. Me lo pasé Fenomenal con Esteban, su esposa Norma y su familia.

Ministré por toda la región, con y sin un traductor, en algunas de las iglesias de Esteban. Sin embargo, no fue todo ministerio. También visitamos amigos de Esteban y familia e hicimos algunas visitas turísticas. Un día me llevó a un lugar llamado 'Paraíso', que era increíblemente hermoso. Era nuestro día libre en el ministerio y nos colgamos en hamacas en la cálida brisa suave justo por encima de las arenas doradas bajo las palmeras de cocos meciéndose suavemente: ¡Ay! ¡La vida del ministerio cristiano! Cuando la comida estaba lista, nos despertamos para comer un festín de ostras ahumadas con leche de coco de los cocos recién cortados de dichas palmeras...

Tuvimos una conferencia con todos los líderes reunidos de las iglesias del apóstol Esteban en esa parte de México. Fue una oportunidad para mí para de hablar acerca de la FPV y el Curso Básico que fue traducido ahora al español. La unción era fuerte y muchas personas, más tarde, se vieron afectados por el poder del Espíritu Santo en el ministerio durante esa etapa más tarde. El trabajo de Esteban ha seguido creciendo y nuestra amistad se ha desarrollado. No hay duda de que vamos a trabajar juntos por toda América del Sur.

Las Filipinas

En septiembre de 2007, Nancy y yo fuimos juntos a la tercera parte de mis misiones regulares a larga distancia. Esta vez nos fuimos a la ciudad de Cebú, en la isla de Cebú, en las Filipinas. Los contactos para esta misión habían llegado a través de nuestro amigo Ian. Ian era escocés, de hecho, nació y se crió en Kilcreggan. Sin embargo, cuando era adolescente se unió a la RAF (la Fuerza Aérea Británica) para aprender fotografía. Después de terminar su tiempo en la RAF se quedó en el sudeste de Asia a trabajar como director de cine independiente. Se trasladó a Hawái y encontró trabajo en la CNN y algunos canales de viaje. Él viajó extensivamente alrededor del mundo para ganarse la vida como cineasta. Durante los últimos años estableció su base en Cebú.

Ian conoció ElCaminoMC en Internet. Él estaba buscando conexiones de regreso a su lugar de nacimiento, Kilcreggan, y por primera vez se puso en contacto conmigo en el año 2005. Vino a quedarse con nosotros, y en ese tiempo, hizo una película para mí. Su viaje coincidió con una enseñanza que yo daba a un grupo de nuestro curso bíblico de la profecía. Ian filmó la enseñanza. Cuando vi lo que Ian hizo me animó a buscar un modo de enviar un ejemplar de regalo del video de Síntesis para acompañar a mi enseñanza por escrito. Esto inició una gran curva de aprendizaje que iba a llevarme a aprender a cómo filmar y editar videos digitales. Hice esto en primer lugar para mis sitios de redes sociales como Youtube (ver PeterStanway YouTube), y finalmente, esto llevó a crear buenos videos de calidad cortos que se mostraban regularmente en la red de satélites cristiana UCB.

Ian volvió y se alojó en la Casa Kilcreggan un par de veces. Quería que fuera a Cebú para ministrar. Sin embargo, a pesar de que estaba abierto al Señor, Ian todavía no había nacido de nuevo y por lo tanto, prácticamente no tenía ningún contacto con cristianos. Una oportunidad se presentó de la una manera más inesperada. Un día, en un pequeño restaurante, Ian escuchó una conversación de un americano acerca de su trabajo como profesor en una Escuela Bíblica en Cebú. Ian esperó hasta que tuvo la oportunidad, y luego comenzó una conversación con Greg, un misionero que había estado en la Ciudad de Cebú con Hannah, su esposa y su hija Suni, alrededor de un año.

Ian le habló de mí y una cosa llevó a otra. Greg tenía conexiones con muchos de los pastores de la ADD en la ciudad. Ian nos puso en contacto, y organicé una gira para servir en una serie de iglesias pentecostales y en el Instituto Bíblico de la ADD en la Ciudad de Cebú. Todo esto fue bastante irónico ya que, Greg mismo era evangélico y no pentecostal con poca o ninguna experiencia personal con los dones del Espíritu Santo.

Ian, grabando con su cámara, nos conoció a Nancy y a mí en el Aeropuerto Internacional de Mactan-Cebú, y todos volvimos a la casa misionera de Greg para una reunión y hablar a través de los fines y objetivos de nuestra misión de Cebú. La casa de Greg era muy cómoda e iba a ser nuestro hogar el tiempo que durara nuestra misión, bueno..., a excepción de la noche siguiente. Ian, que había hecho algunos trabajos en la filmación de un gran complejo en el norte de la isla de Cebú había pedido un favor y dispuso que Nancy y yo pasáramos una noche allí.

Por lo tanto, el día siguiente de llegar a Cebú, un taxi nos recogió en la entrada de uno de los más grandes hoteles de la ciudad. Nos llevó un chófer durante dos horas a lo largo de la costa oriental, a través de la agradable zona de pesca y agricultura de Sogod. Justo después de Sogod estaba la Playa Alegre. Este iba a ser nuestro hogar durante las siguientes veinticuatro horas.

Alegre es un lugar encantador, una escapada de verdad, con un verde delicioso. Hay paseos por bosques de cocoteros, las agrupaciones de hermosas flores colgantes y una magnífica bahía privada. La playa de arena blanca contrasta perfectamente con el atractivo azul del agua. Las villas privadas tienen techos de paja. Se dice que las saunas y salas de bellezas son populares entre los recién casados.

Era perfecto y justo lo que Nancy y yo necesitábamos. Nos sentimos mimados y durante nuestra estancia allí podíamos ponernos al día con nosotros mismos y adaptarnos después de haber pasado por tantos cambios horarios. Habíamos cambiado de aviones en Amsterdam y Manila. El tiempo de vuelo real fue de dieciocho horas, sin incluir los viajes cortos. Al día siguiente nos llevó el chófer de regreso a la Ciudad de Cebú, y directamente al ministerio. Nuestro tiempo en las Filipinas fue excelente. El ministerio fue poderoso y bien recibido. Visitamos un montón de restaurantes y experimentamos de primera mano los extremos de la pobreza y la riqueza que conviven allí.

Uno de los aspectos más destacados fue conocer a Greg y Hannah y a su hija, Suni. Ella era una niña prodigio. A los tres años ya se leía cuatro libros al día; libros avanzados como enciclopedias. Hannah era china, así que Suni hablaba chino, así como inglés y estaba aprendiendo alemán, junto con su padre. Greg estaba planeando venir a Aberdeen, Escocia, para hacer un doctorado y los libros que se requerían para estudiar sólo estaban disponibles en alemán. Para ella era fácil usar el ordenador y tocaba el piano de manera eficiente, con las dos manos.

La noche antes de que tuviéramos que abandonar las Filipinas, Nancy se puso gravemente enferma y con mareos. Ella no me permitiría ponerme en contacto con un médico o que la llevase a un hospital porque no quería que nuestro regreso al Reino Unido se retrasara. Suni preguntó si podía orar por la 'Señora Stanway' y todos estuvimos de acuerdo. Ella se arrodilló al lado de la cama de Nancy, la tomó de la mano y oró: "Dios, cura a la Señora Stanway". Eso fue suficiente. En cuestión de minutos, Nancy comenzó a sentirse mejor y antes de que yo tuviera que ir a ministrar en la última reunión, Nancy se levantó y comenzó a hacer las maletas. Su enfermedad nunca regresó.

Icono

En noviembre de 2007, Nancy y yo regresamos a Israel. Esta vez, fuimos en una gira de formación de líderes para que pudiéramos llevar turistas a Tierra Santa. Era diferente a las dos visitas anteriores, pero tan impresionante como siempre. En esta ocasión ya estábamos entrenados y estábamos deseando llevar nuestro propio grupo de turismo a Israel.

Había sido un buen año para viajar y nuestras misiones innovadoras necesitaban un montón de seguimiento para consolidar lo que había sucedido y para asegurar que la FPV se pusiera en marcha en toda la red de iglesias que se extendían como la pólvora a través de las naciones.

A lo largo del 2007, Nancy y yo habíamos estado discutiendo sobre el mejor camino a seguir para el trabajo en la Casa Kilcreggan. Estábamos ocupados y el trabajo fue extremadamente exigente. Empezamos a formular un plan de tres fases de desarrollo que se desarrollaría en los próximos cinco años. Sería un desarrollo de varios millones de libras esterlinas sobre los tres acres y medio de tierra y de los edificios alrededor de la mansión principal.

Nuestra idea era, en la primera fase, construir de viviendas permanentes que se pondrían a la venta a cristianos y de este modo desarrollar una comunidad cristiana ecológica con las instalaciones más modernas, incluso, en la segunda fase, un gimnasio con piscina y un centro comunitario. La tercera fase consistiría en desarrollar el área trasera de la casa, con algunas cabañas grandes de madera en un área, y en la otra zona un bloque de apartamentos construido en el mismo estilo que la Casa Kilcreggan con una torreta, etc. La casa misma se convertiría en alojamiento ultra-moderno para un máximo de veinte personas con habitaciones lujosas con cuarto de baño; un lugar de bendición para los ministros en el servicio activo de Jesús.

Teníamos que planificarlo todo en equipo de planificación y, poco a poco, lo hicimos. La Residencia de Jubilados en Auchlochan, cerca de Lesmahagow, es un lugar que nos impresionó durante muchos años. El estándar de excelencia en todos los detalles era de alta calidad. Había ganado premios europeos por sus cualidades. Robert fue el constructor principal de las setecientos cincuenta viviendas de Auchlochan. Tenía su propio lago y hotel, y también ofrecía alojamiento a todos los niveles desde pequeños apartamentos hasta grandes viviendas separadas.

Icono

La esposa de Robert, Shona, fue una invitada en la Casa Kilcreggan. Le pregunté si creía que Robert estaría dispuesto a ofrecernos consejos y ella sugirió que nos fuéramos a hablar con él en Auchlochan. Hice una cita y Nancy y yo fuimos con una presentación en PowerPoint que habíamos preparado para describir nuestra visión. Se lo mostré a Robert y antes de que pudiéramos decir 'por favor' nos dijo, "Entonces, ¿quieren que construya esto para ustedes?" Nos quedamos sorprendidos, no podíamos haber pedido más. Teníamos nuestro constructor.

A continuación necesitábamos un arquitecto. Nos enteramos del nombre de la empresa que diseñó los interiores de las iglesias que nos gustaban, entre ellas la Iglesia del Rey en Motherwell, y resultó ser una compañía de arquitectos que también había trabajado para Robert. Él arregló una cita para nosotros en la Casa Kilcreggan. Yo estaba ocupado al teléfono cuando llegó Daniel, su representante. Nancy se reunió con él primero y se presentó. Resultó que se conocían de cuando eran niños y había asistido la misma iglesia en Kilmarnock.

Entré en la habitación e inmediatamente pensé que reconocía a Daniel. Nancy dijo, "no, soy yo la que conoce a Daniel." Sin inmutarme, empecé a preguntar y, por supuesto, cuando la familia de Daniel dejó Kilmarnock se trasladaron a un lugar cerca de Fernhill donde yo vivía, y asistimos a la misma escuela primaria durante unos años. No sólo eso, sino que Daniel más tarde asistió a la Escuela de Arte de Glasgow para estudiar Arquitectura en la misma época en que yo estaba allí estudiando Media, en otra parte del campus. Ciertamente, parecía que Dios tenía algo que ver con esto.

Daniel elaboró algunos planos generales y los presentamos al Departamento de Planificación local. Vinieron a vernos y dieron su consentimiento verbal para continuar. Todo iba viento en popa, a pesar de que una pequeña semilla de duda empezaba a germinar dentro de mi espíritu. Esta duda persistente coincidió con nuestro tercer viaje a Tierra Santa. Al final de este viaje estábamos muy familiarizados con todos los edificios históricos, su dinastía y sus arquitectos. Nuestro guía hablaba tan cariñosamente de cada edificio que lo convirtió en un icono religioso y que, a su vez, hizo saltar una alarma en mi espíritu...

"¿Que Te He Llamado a Hacer?"

Dondequiera que fuéramos en el mundo, Nancy y yo, invariablemente, nos encontrábamos con alguien que conocía o tenía conexión con la Casa Kilcreggan. La casa fue construida en 1880 por el propietario de la Compañía Naviera Donaldson para su hijo, que era cristiano, y desde entonces, casi siempre, había estado ocupada por grupos cristianos. Ha sido mencionado en libros escritos acerca de los anteriores propietarios y sus invitados, entre ellos Austin Sparks y su amigo Watchman Nee. Antes que nosotros, los dueños de la casa fueron la WEC, fundada por el C. T. Studd. WEC es la organización misionera más grande de Inglaterra que era la responsable de enviar miles de personas como misioneros por todo el mundo. De alguna manera, la Casa Kilcreggan se había convertido en un icono y me pregunté si estábamos en peligro de 'adorar' un icono. La idea parecía absurda, pero sin darnos cuenta, era posible que lo estuviéramos haciendo.

La Navidad del 2007 se acercaba rápidamente y ya era hora de hacer las compras Navideñas para nuestros hijos, nietos y amigos. Eran tiempos buenos, pero no libres de estrés. Tenía muchas ganas de reunir a toda la familia durante las fiestas. De repente, durante el día de la Nochebuena, sin previo aviso, me quedé paralizado con dolores en el pecho. Nancy me metió en nuestro coche y me llevó rápidamente a ver al médico. Él sospechaba que estaba sufriendo un infarto.

"No, no puede ser. ¡Tengo un corazón fuerte!", exclamé.

El médico le dijo a Nancy que me llevara directamente al hospital local, El Valle de Leven, a unos cuarenta y cinco minutos en coche. Estaba tan convencido de que nada andaba mal que le dije a Nancy que pasara por la casa para que pudiera recoger algo de trabajo para hacer mientras esperaba en el hospital. Subí tres tramos de escaleras a mi estudio a buscar lo que quería. Después de examinarme en urgencias, se confirmó que sí había tenido un ataque al corazón y me pusieron en una cama en una sala conectado a varios monitores. Pasé los próximos días allí.

2008 comenzó con órdenes del médico para descansar del trabajo y me pusieron en un vigoroso régimen de ejercicios cardiovasculares. Cuando no estaba haciendo ejercicio, Nancy y yo teníamos un buen tiempo para orar y hablar juntos. Una de las cosas que discutimos era esa 'problemilla' que yo sentía por dentro. Nancy no estaba convencida, porque la Casa Kilcreggan era nuestro 'nido' y Nancy había estado preparando la casa para que pasáramos el resto de nuestras vidas allí. Las excavadoras estaban listas para iniciar la primera fase en la primavera. Yo estaba equivocado, pensó ella.

Un día, alto y claro, sentí que el Señor me hizo una pregunta, "¿Qué te he llamado a hacer? ¿Se trata de la promoción inmobiliaria o es el desarrollo de las personas?" Eso fue suficiente para mí. En lo que a mí respecta, el proyecto de construcción fue parado completamente. No sólo eso, pero creo que el Señor me estaba diciendo que dejara de hacer lo que estábamos haciendo en la Casa Kilcreggan y que la vendiéramos, para 'racionalizar la eficiencia' por los recortes. Bueno, ¡Nancy no estaba muy feliz! Ella no estaba preparada para escuchar todo eso. Tenía que escuchar a Dios por sí misma. Comenzó a buscar seriamente a Dios e hicimos planes para poner la Casa Kilcreggan en venta.

En primer lugar, teníamos que tasar la casa, y dos agentes inmobiliarios independientes la valoraron en más de un millón de libras. Preparamos un programa precioso en un formato tipo folleto, nos anunciamos en las principales revistas inmobiliarias, y comenzamos en serio a vender la casa. Contactamos con todos nuestros amigos cristianos y compañeros del ministerio, y pronto la gente comenzó a responder. Mucha gente vino a ver la casa, se hicieron muchas promesas. Tuvimos muchos altibajos. Era como montar en una montaña rusa emocional y, a continuación, aparentemente de la nada, el Gobierno anunció que el país estaba en recesión. Los bancos se derrumbaron, las grandes empresas quebraron, y las tiendas de la calle comenzaron a cerrar. Todo el mundo estaba en crisis financiera y nadie compraba casas.

"Ciertamente, Dios es más grande que una recesión", dijimos. "Toda la gloria a Él cuando Él venda la casa Kilcreggan, ¿amen?" Diez años después de que empezamos a pagar el préstamo de la Casa Kilcreggan, ya estaba pagado. A pesar de que ya no facilitábamos conferencias o invitados a quedarse en la Casa Kilcreggan, mes tras mes nos asombrábamos de cómo el dinero llegaba de todo tipo de fuentes para pagar los gastos generales y las facturas.

Una ventaja del año de convalecencia en 2008, fue que Nancy y yo disfrutamos de tiempo juntos y con nuestra familia y amigos, un tiempo para desarrollar relaciones. Pudimos visitar a nuestros padres en sus últimos años y, viéndolo a posteriori, eso fue un regalo especial de Dios.

Israel obtuvo el título de mecánico de coches y salió del instituto en el verano de 2008. Empezó a buscar trabajo manual en la preparación de su llamado a vivir y trabajar en la tierra de Israel, la Tierra Santa. Yo estaba en casa igual que mi hijo, gracias al Señor. Otra área de gran bendición fue la época que pude pasar con mis hijastras, Pamela y Dawn y nuestros nietos: Daniel, Raquel, Estefanía, Naomi y Bethany. Tuve la oportunidad de asistir a sus fiestas de cumpleaños y de ser su 'papá'. Me encantó eso. Nuestro sexto nieto, Sam, nació en octubre de 2008.

La palabra que Dios nos había dado desde el momento en que la Casa Kilcreggan se puso por primera vez a la venta, era que la venta iba a pasar, 'de repente'. Cuando Él me dijo esta palabra por primera vez, en mi espíritu, yo sabía que el contexto era como lo que pasó en el Cenáculo de Jerusalén, cuando los discípulos estaban esperando la promesa del Espíritu Santo. Tuvieron que esperar hasta el décimo día antes de que la promesa de Jesús se cumpliera... "Y de repente vino del cielo un estruendo como de un viento recio que soplaba, el cual llenó toda la casa donde estaban sentados." (Hechos 2:2). Estoy seguro de que esos diez días debían haber parecido una eternidad a las ciento veinte personas que estaban reunidas allí, pero necesitaba ese tiempo para reunirlos a todos, unánimes, en cuerpo, alma y espíritu. El 'de repente' se produjo cuando hubo unidad absoluta, una perfecta armonía entre el grupo y la fe incondicional, sin dudar de lo que Jesús había dicho.

Creo que ya viene el amanecer en nuestro 'décimo día' y la venta es inminente. Ya estoy pensando en comenzar mi próximo libro, la continuación de éste, con la venta de la Casa Kilcreggan.

Pioneros y Colonos

En lugar de 'marcar el paso' esperando la venta de la casa, me di cuenta de que tenía que continuar con la obra del ministerio. Eso es precisamente lo que hice y el trabajo no ha dejado de crecer. A medida que el 2008 progresaba, empecé a hacer planes para ir a las misiones.

En el 2009 tuve la oportunidad de visitar Pakistán, Nepal, Darjeeling, Kenia, Ruanda y Uganda. ¡Qué privilegio es ir a todos esos países! Nuestras misiones no son sólo visitas fugaces. Intentamos conocer la cultura y las costumbres de los pueblos indígenas. Yo intento establecer y fortalecer nuestras relaciones. Quiero conectar con ellos y hacer todo lo posible para entenderlos. Trato de integrarme en sus familias cuando estoy con ellos, compartir su comida, su idioma y sus costumbres. Nancy dice que llego a ser como una persona diferente cuando me voy a las misiones, pero estoy seguro de que así es como debe ser. Nunca voy a ser africano o asiático, pero cuando estoy en sus países quiero hacer todo lo posible para empatizar con ellos. Mi ministerio es mucho más que simplemente discipular a los cristianos. Voy a las misiones para desarrollar relaciones que se convertirán en amistades.

Al enseñar a nuestros alumnos de la FPV acerca de las misiones, descubrí una idea importante. En un amplio recorrido, las personas se dividen en dos categorías generales, pioneros y colonos. Yo soy un pionero.

Los pioneros son exploradores. Metafóricamente, les encanta cortar su camino a través de la selva, la eliminación de cualquier obstáculo que encuentran en su camino. Los colonos, por el contrario, van detrás de los pioneros y recogen lo que los pioneros dejan atrás, y convierten los árboles talados en casas y las tierras despejadas en granjas.

Ambos tipos de personas son esenciales y, de hecho, se necesitan unos a otros. Sin embargo, los colonos se asustan de los pioneros y la idea de ser uno les da miedo. Nancy es una colona. Ella es una constructora de casas y ella es excelente. Es imprescindible, cuando se trabaja con un equipo de misioneros, no confundir la categoría a la que cada persona pertenece y, una vez identificados, hacer todo lo que posible para fomentar y fortalecer su vocación.

Finales y Comienzos

El 7 de mayo del 2010, el padre de Nancy, 'Papá Stewart', falleció después de una larga y dura batalla contra el Alzheimer. Tenía ochenta y nueve años. Se puede decir que el comienzo del Alzheimer de Papá se remonta a la muerte de su amada esposa, Jean, que murió en 2001. Papá se quedó con nosotros en la Casa Kilcreggan durante cinco años. Al principio, a tiempo parcial y al final, a tiempo completo. Durante ese tiempo a Papá le gustaba ayudar en casa y con los ochenta y tantos años solía pasar la aspiradora, ayudar a hacer las camas, y fregar los platos y las ollas hasta dejarlo todo como los chorros del oro. Disfrutó mucho del tiempo en la Casa Kilcreggan y su vida tenía un propósito. Se sentía capaz de contribuir a nuestro ministerio. Lamentablemente, llegó el momento en que necesitaba atención especializada y pasó los últimos años de su vida en una residencia de ancianos muy buena que se especializaba en el cuidado de las personas con Alzheimer y enfermedades similares.

A finales de mayo del 2010, Nancy y yo nos embarcamos en una gira de cinco semanas de ministerio, de costa a costa, a través de seis estados de EEUU.

Llevábamos allí solo doce días cuando me despertó una llamada telefónica a las cinco de la mañana. Era mi hermana, muy angustiada, que me decía que mi madre había muerto. Tuvimos que entrar en acción con el fin de llegar a casa para que yo pudiera ocuparme del funeral. Volvimos a casa en menos de veinticuatro horas y el funeral de mi madre tuvo lugar el tercer día después de regresar. Ella había muerto exactamente un mes después de Papá Stewart. Con los años, nuestra relación con mi mamá y el Papá Stewart se hizo más profunda y más fuerte. Podíamos pasar momentos preciosos con ellos y damos las gracias a Dios por eso.

A pesar de que tuvimos que finalizar nuestra gira por Estados Unidos antes de lo esperado, pasaron muchas cosas en el tiempo que estuvimos allí. Nos encontramos con gente increíble y vi algunos lugares fantásticos. Una de las personas con las que nos encontramos fue David Yanez. Él y su familia fueron nuestros anfitriones en Houston, Texas. Yo había estado transmitiendo un programa de radio semanal en la red de David, RevMediaNetwork.com, durante unos seis meses. David es también editor de libros y es su compañía la que publicó este libro que estás leyendo.

A lo largo de del 2010 hice todo lo posible para consolidar el trabajo en los países de todo el mundo que había visitado anteriormente en las misiones, y comencé a hacer planes para ir en misión a un número creciente de nuevos países. Construí nuevas páginas web, arreglé las páginas viejas y encontré nuevas formas de llegar a nuestra gente y a nuevas personas utilizando una amplia gama de avances técnicos y plataformas de redes sociales.

En Conclusión

Mi vida ha sido bendecida. Ha sido un viaje asombroso y lleno de la gracia de Dios. Su amor me ha rescatado de una vida de destrucción y desesperación. Él me ha creado para ser un seguidor de Jesucristo, y me está usando de una manera que nunca podría haber imaginado. Dios es fiel y verdadero. Estoy muy contento y espero poder descubrir qué aventuras tiene reservadas para mí en el futuro.

Como artista, he descubierto que una de las cosas más difíciles sobre pintar es saber cuándo parar. Es muy fácil dejarse llevar y arruinar la pintura. Y pienso que ya he dicho lo suficiente en este libro. Me he reído y he llorado al recordar los detalles que se cuentan aquí. Ha sido, en ocasiones, placentero y doloroso. Creo que estoy en una curva de aprendizaje perpetuo y no me gustaría ser de otra manera. La Biblia dice que sólo conocemos en parte, lo que conoceremos con más detalle cuando veamos a Jesús cara a cara. De una cosa estoy seguro, y es que este niño pequeño de Glasgow está encantado de haber descubierto como llorar.

La primera vez que lloré de una manera sana, fue a través del quebrantamiento y el remordimiento que me llevó al arrepentimiento. Mis lágrimas abrieron una puerta que permitió que la misericordia y la compasión de Dios se desbordaran en mi corazón. Sucedió en Mijas, España, a la edad de treinta y tres años y fue una liberación. Me cambió la vida. Mi instinto de supervivencia no podía parar el amor abrumador de Dios y encontré la pieza que faltaba del rompecabezas de mi salvación. Fui bautizado en el Espíritu Santo. Incluso a pesar de que me alejé del Señor, Él no me abandonó. Es sólo por Su gracia que aún estoy aquí para contar mi historia. Cada día doy gracias a Dios por el aire que respiro.

Tengo la esperanza de que la gente de todos los ámbitos de la vida y lugares lea este libro. Gracias por leerlo. Tal vez usted es cristiano o tal vez no lo sea. Tal vez usted era en el pasado y se ha alejado de Jesús. La buena noticia es que Jesucristo vino a la tierra, fue crucificado y murió, fue sepultado y resucitó por ti. Eso es, por ti.

Una vez vi a un joven tatuado, de pelo alborotado, que llevaba una camiseta que decía: 'Body Piercing Saved My Life' (el piercing me salvó la vida). Le seguí con la mirada mientras me adelantaba caminando y, allí, en la parte posterior de la camiseta, había una imagen del cuerpo de Jesús en la cruz. Jesús fue clavado en la cruz. Él fue traspasado por nuestros pecados. Sin Jesús en mi vida, yo sin duda estaría muerto; estoy seguro. Jesucristo me ha salvado la vida muchas veces, pero él ha hecho mucho más que eso. Él me ha bautizado con el Espíritu Santo y me ha dado la vida eterna. Él me capacita para vivir mi vida al máximo, en victoria, como un creyente cristiano nacido de nuevo.

Jesús está a la puerta de tu corazón hoy y Él está llamando. La manilla de la puerta está en tu lado, ¿Le vas a abrir y le vas a permitir entrar? ¿Puedes decir: "Ven a mi corazón Señor Jesús. Sé mi Salvador y mi Señor, desde hoy en adelante y para siempre. Ven, Espíritu Santo y lléname de energía. Ayúdame a seguir a Jesús todos los días. Amén"?

¡Ahora, que comience tu aventura!

Comentarios

"Nadie, de hecho, puede decir que ha trabajado con Peter en ningún proyecto... La fuerza interior de Peter y el carisma subsumen el proyecto, añadiendo toda una dimensión que concierne a todos. Primeramente, no es el típico clero, en realidad hace todo lo que debería hacer: ayuda a los drogadictos, a los sin techo y a los quebrantados; y de alguna manera encuentra la fuerza para decir y hacer lo mejor para ellos! En una mañana húmeda y sombría de enero, en la que el frío era tan feroz, que solo el hecho de pensar en viajar parecía una total locura, yo, personalmente le vi llevando comida y cariño a los desesperados y necesitados de las calles de Glasgow... y, además, aunque esto parezca incoherente, sacó tiempo para hacer algo que a la mayoría de nosotros nos parecía más bien un lujo dadas las circunstancias: ¡alfombras para una familia joven que empezaba su vida juntos! Es Jesús humanizado, en un mundo perdido... "
Noviembre 13, 2009
Warren Wysocki, Director General, EurekaSetp Ltd.

"Peter es una persona claramente inspirada e impulsada por un llamado de nuestro Señor a su ministerio. La determinación de Peter y la forma de llevar su ministerio están obviamente guiadas por el Espíritu y se manifiesta en la vida de las personas que ha tocado, tanto aquí como en muchos otros países. El testimonio de Peter ha traspasado muchas culturas."

Abril 6, 2010

Rick Grainger, Dueño, Trunky Inc.

"El reverendo Peter Stanway es un verdadero hombre de Dios. Tiene una unción poderosa, y siempre está buscando lo mejor de Dios. Tiene una gran compasión por los perdidos, y busca impactar al mundo con la Palabra de Dios y el Espíritu de Dios, incluso cuando tiene que pagar un alto precio. Tiene un enorme conocimiento de la Palabra, pero él no le gusta agradar los oídos de la gente, sino que busca catapultarles al plan de Dios. Fue un gran privilegio para mí servir a este hombre de Dios. Fue un tiempo maravilloso, donde continuamente vi la mano y la bendición de Dios. Aunque esto pasó hace ya diez años, mi continuo contacto con él ha sido una fuente continua de bendición para mí y mi familia. Y los principios que aprendí de él siguen siendo una fuente de dirección y consejos para mí."

Noviembre 24, 2009

Evert van de Waal, Asistente del ministro, El Camino Ministerio Cristiano.

"Peter y su esposa Nancy fueron de un incalculable valor para mí cuando yo estaba buscando respuestas para mi propia búsqueda espiritual. Peter me dio dirección respetuosa para mí como persona, permitiéndome crecer y asumir la responsabilidad de mi propio aprendizaje y crecimiento. Pasé tiempos muy felices con Peter y Nancy y aprendí mucho de ellos: su corazón abierto, su acogimiento y su encantadora hospitalidad. Ambos son grandes maestros de una manera muy discreta y gentil, pero sus enseñanzas siguen desafiando y ayudando a crecer. Si alguien está buscando ayuda en el crecimiento espiritual, ya sea online o en persona, yo no dudaría en recomendar a mis mentores y amigos Peter y Nancy Stanway."

Noviembre 12, 2009

John McMahon

"Peter Stanway es uno de los hombres más trabajadores que he conocido. Esto nació de su apasionado deseo de introducir a la gente a Jesucristo – y de ayudarles a crecer en fe en Él - y por lo tanto trabaja sin descanso hacia esa meta. Él y su esposa Nancy forman un equipo increíble."

Noviembre 12, 2009
Bill Partington, Jefe del ministerio, Emisoras Cristianas Unidas.

"Peter me apartó de mi confortable zona teológico... esto no me gustó... me asustó con algunas de sus historias... esto tampoco me gustó... a la señora que se sentó a mi lado en el avión y quizá me escuchó lloriquear después de leer sobre el trasplante de hígado... está bien... los chicos de Nueva Zelanda sí lloran."
Gary Hoogvliet, Director de la Emisora, Emisoras Cristianas Unidas Ltd

Datos Para Contacto

Peter Stanway

The Way Christian Ministries

Kilcreggan House

Kilcreggan

G84 0JT

Escocia

Reino Unido

peter@thewaycm.com

Tel: +44 (0)1436 842318

Móvil: +44 (0) 7764 895309

www.peterstanwaybooks.com

Número de benéfico. : SCO27189

Direcciones a Glenelg

El camino a Glenelg, si alguna vez lo desea visitar, se inicia desde Loch Duich, en el Puente Shiel, donde una carretera secundaria se separa de la A87 hacia Kyle de Lochalsh. Se abre paso a través del Mam Ratagan Pass, a una altura de trescientos treinta y cinco metros, antes de bajar por el lado de Glen More hacia Glenelg a la orilla de Kylerhea, cerca del Sound of Sleat.

www.ingramcontent.com/pod-product-compliance
Lightning Source LLC
Chambersburg PA
CBHW062359090426
42740CB00010B/1330